GTB

Gütersloher Taschenbücher

1121

JAMES C. WHITTAKER

Es war als sängen die Engel

Aus dem Amerikanischen übersetzt
von Herrmann Epp

GÜTERSLOHER VERLAGSHAUS
GERD MOHN

Die Originalausgabe erschien 1943 unter dem Titel
»We thought we heard the angels sing«
bei E. P. Dutton & Co., New York

Die Deutsche Bibliothek – CIP-Einheitsaufnahme

Whittaker, James C.:
Es war, als sängen die Engel / James C. Whittacker.
Aus dem Amerikan. übers. von Hermann Epp.
– 31. Aufl., (488.–507. Tsd.) –
Gütersloh: Gütersloher Verl.-Haus Mohn, 1993
(Gütersloher Taschenbücher; 1121)
ISBN 3-579-01121-9
NE: GT

ISBN 3-579-01121-9
31. Auflage (488.–507. Tsd.), 1993

Umschlagentwurf: Dieter Rehder, B-Kelmis
Gesamtherstellung: Clausen & Bosse, Leck
Gedruckt auf chlorfrei gebleichtem Werkdruckpapier
Printed in Germany

Dem einen, der von uns ging

Sergeant Alex Kaczmarczyk

O ewiger Vater, stark und gut,
in dessen Hand das Weltall ruht,
der du das Meer von Strand zu Strand
an seinen Ort hältst hingebannt,
    wir flehn: Errette aus Not und Tod
    die Seelen, die das Meer bedroht.

O Christus, der trotz Sturmeswut
in sorglos-sanftem Schlaf geruht –
du sprachst, und still ward's ringsumher –,
du, der gewandelt auf dem Meer,
    wir flehn: Errette aus Not und Tod
    die Seelen, die das Meer bedroht.

O Heiliger Geist, du Gotteskraft,
die Friede und Licht aus Chaos schafft,
du schwebtest über dem finstern Meer,
als noch die Erde wüst und leer,
    wir flehn: Errette aus Not und Tod
    die Seelen, die das Meer bedroht.

Dreieinigkeit der Liebe und Macht:
Die Brüder beschirme bei Tag und Nacht.
Vor Feuer und Feind, vor Sturm und Riff
bewahre sie, bewahr ihr Schiff.
    Und so erschallt mit Preis und Dank
    auf Land und See dir Lobgesang.

Nach einer altenglischen Hymne

Erstes Kapitel

Unser großer Liberator-Bomber schaukelte ruhig im hellen Oktobersonnenlicht, hoch über dem südwestlichen Pazifik. Nur das tiefdröhnende Gebrumm der vier Motoren und das Singen des Windes ließen unsere große Geschwindigkeit erkennen. Wenn wir durch die Lücken der treibenden Wolken blickten, konnten wir tief unter uns den Ozean sehen wie eine weite blaue Decke. Aus 1500 m Höhe erschien er kühl und einladend, und ich erinnere mich, daß ich das Bild schön fand.

Das war am 18. Oktober 1942. Jetzt, drei Monate später, kann ich es allerdings nicht mehr verstehen, wie ich diese von Haifischen belebte Wasserwüste mit ihrer heftigen Dünung und sengenden Hitze einmal habe schön finden können. In ihr verloren wir einen unserer Kameraden, und wir anderen wurden nur durch Gottes Eingreifen, durch zwei göttliche Wunder gerettet.

An diesem sonnigen Nachmittag flog ich mit 200 Meilen Stundengeschwindigkeit dem größten Erlebnis entgegen, das ein Mensch haben kann, dem, in welchem er seinen Gott findet. Ich hatte aber noch keine Ahnung davon, als wir jetzt über den Wolken dahinzogen.

Vor uns lag Hawaii, San Franzisko und die Heimat. Hinter uns lag eines der größten Kriegsgeschehen, das die Welt je gesehen hat.

Dort waren wir in unseren Bomber gestiegen mit der Bestimmung, ihn nach Hickam Field auf Honolulu zu fliegen. Danach sollten wir mit einer anderen Maschine zum heimatlichen Festland zurückkehren. Das bedeutete für alle eine kurze Unterbrechung unserer Pflicht und für mich einen Besuch zu Hause.

Wir waren unser fünf, alle Angehörige der Luftwaffe der Vereinigten Staaten, Abteilung Transportkommando. In der Rangordnung ging es von Hauptmann William (Bill) T. Cherry, unserem Piloten und Kommandanten, hinunter bis zum Gemeinen John Bartek, unserem Maschinisten, der außerdem der jüngste war.

Bill Cherry war ein stämmiger, ruhiger Texaner, aus der Stadt Quail gebürtig. Seine Frau und sein dreijähriges Töchterlein lebten jedoch jetzt in Fort Worth. Er trat mit 23 Jahren als Fliegerkadett in die Armee ein, und nachdem er sein Offizierspatent erworben hatte, ging er als Pilot zu amerikanischen Luftverkehrsgesellschaften.

Seine Erfahrungen mit den großen Verkehrsflugzeugen gaben ihm in der Führung der schweren viermotorigen Bomber der Transport-Abteilung eine natürliche Sicherheit. Sein Aussehen ist so, wie es jedermann von einem amerikanischen Flieger erwartet: er ist breitschultrig und hat ruhigblickende blaue Augen, und dabei ist er zwanglos im Gespräch. Tausende von Meilen bin ich als zweiter Pilot mit Bill Cherry geflogen, nie hatte ich einen besseren Kameraden. Ruhig in Gefahr, gleichmütig im Unglück, gesegnet mit einem trockenen Humor, so überwand er in den kritischen Tagen, die uns bevorstanden, manche Schwierigkeit. Nie habe ich ihn unduldsam gefunden – außer gegen Haifische. Doch davon später.

Der andere Offizier, der sich außer mir noch an Bord befand, war Leutnant John J. De Angelis, unser Beobachter. De Angelis ist 24 Jahre alt und stammt aus Pennsylvanien. Während er die berühmte Citadel-Schule besuchte, zog ihn das Soldatenleben an. Er entschloß sich zum Dienst bei der Artillerie. Nach seiner Bestallung wurde er zur Beobachterschule versetzt, und schließlich kam er zur Transport-Abteilung. Gerade zwei Tage vor unserer Abkommandierung in den Pazifischen Ozean hatte er geheiratet. Er zählte daher die Minuten auf unserem Flug.

Ein zweiter unserer Gemeinschaft, der aus romantischen Gründen für ein eiliges Nachhausekommen war, war Sergeant James W. Reynolds, unser Funker, ein freundlicher Bursche von 26 Jahren aus Oakland in Kalifornien. Er hatte sich in einer der Pausen zwischen seinen sechs Flügen über dem Pazifik verlobt. Die Zeit verging ihm recht langsam, zumal er wenig mit Funken beschäftigt war: der Japs hatte die Angewohnheit, mitzuhören.

Johnny Bartek war ein ernstes zwanzigjähriges Kind aus New Jersey, rothaarig und sommersprossig. Wahrscheinlich war er nächst dem Piloten der beschäftigtste Mann auf dem Flugzeug. Während des Fluges hatte er den Benzintank zu beobachten, die Umschaltung vom einen zum anderen Tank vorzunehmen und zu sorgen, daß der Landungshebel nach unten stand und in Ordnung war. Johnny Bartek hatte noch viele andere Pflichten, aber trotz allem fand er immer noch Zeit, in einem kleinen brauneingebundenen Neuen Testament zu lesen, von welchem wir später noch eine ganze Menge hören werden. Jetzt jedoch rief sein Gesicht, wie es ernsthaft über die kleine Bibel gebeugt war und er eifrig darin las, bei mir ein Lächeln hervor.

Ich selbst hatte in einem Monat meinen 41. Geburtstag und war der älteste Mann auf dem Flugzeug. Nachdem ich 1922 im Alter von 21 Jahren die Marine verlassen hatte, schaute ich mich hier und dort um und begann 1927 mit der Fliegerei. Seit 1930 bin ich nie mehr ohne eigenes Flugzeug gewesen. Nach Pearl Harbour wickelte ich so schnell wie möglich meine Geschäfte ab und trat wieder in die Armee ein, wo ich als Leutnant angenommen wurde. Es bestand für mich keine Möglichkeit, als Kampfflieger eingesetzt zu werden, so wurde ich der Transport-Abteilung zugeteilt. Durch meinen Dienst dort machte ich wenigstens einen jungen Mann für ein Kampfflugzeug frei, und das ist fast so, als wenn ich selbst eines geflogen hätte.

Unsere großen Liberators und Fliegenden Festungen bringen die jungen Leute zum Angriff über feindliches Gebiet. Jetzt war zwar der Bombenraum unserer Maschine leer, aber bald würde es wieder so weit sein, daß Tod und Zerstörung aus ihm auf die Streitkräfte Hirohitos im Pazifik geworfen würden.

Bill Cherry übernahm wieder die Führung, und ich ging durch die Maschine nach hinten. Johnny Bartek las in seinem Testament. Ich machte eine scherzhafte Bemerkung, die er aber nicht beachtete.

Als ich zurückkehrte, sichteten wir gerade die schöne Insel Oahu und näherten uns damit dem Ende der ersten Etappe unserer Heimreise. Als wir tiefergingen, tauchten die Flugzeughallen von Hickam Field aus der

Landschaft auf. Sanft setzte Bill Cherry nachmittags um halb fünf die Maschine auf den Platz.

Wir trugen unser Zeug aus der Maschine in das uns angewiesene Quartier und waren dann für den Abend frei. Für den nächsten Tag war uns die Überführung einer Fliegenden Festung nach dem Festland zugewiesen worden; am Abend sollte es losgehen.

Die Kameraden verbrachten den Tag auf verschiedene Weise. Ich ging nach Honolulu und kaufte ein buntgeblümtes hawaiisches Seidenkleid für meine Frau. Ich schrieb auch an meinen 19jährigen Sohn Thomas, der bei der Marine in San Franzisko stationiert war, und an meine 16jährige Tochter Shirley.

Ferner nahm ich einige Eintragungen in mein Tagebuch vor. Wenn das kleine Buch gewußt hätte, was uns bevorstand, so wäre es wahrscheinlich durch das Fenster geschlüpft und im Gebüsch verschwunden. Ich habe es noch, das heißt, meine Frau hat es. Seine Seiten sind immer noch von Salz verkrustet, und die Schrift, vor allem gegen den Schluß, ist sehr schwer zu lesen.

Wir verbrachten die Nacht zum 19. auf dem Flugplatz und vertrieben uns am nächsten Tag die Zeit, so gut es ging. Kurz nach 5 Uhr nachmittags packten wir unser Zeug zusammen und gingen zu den Flugzeughallen, wo unsere Fliegende Festung schon bereitstand.

Wir waren eine sorglose, an Zuhause denkende Gesellschaft. Das Wetter und die Insel waren auch nicht dazu angetan, unsere Gefühle irgendwie zu beeinträchtigen. Es war kaum zu glauben, daß vor zehn Monaten die Hölle aus der Luft herabgeregnet war auf diesen jetzt so friedlich daliegenden Flugplatz.

Wir erreichten die Maschine und verstauten unseren Proviant an Bord: belegte Brote, Orangen und Kaffee in Thermosflaschen. Wir wollten gerade selbst nachfolgen, als wir abberufen wurden und erfuhren, daß die Pläne geändert waren.

Wir und unsere Fliegende Festung waren bestimmt worden, den weltberühmten Fliegerhauptmann Eddie Rickenbacker und seine militärische Begleitung zu befördern, die in einem geheimen Auftrag des Kriegsministeriums unterwegs waren. Das enttäuschte uns ziemlich, wollten wir doch möglichst schnell in die Heimat. Aber Befehl ist Befehl.

Als wir uns jedoch an den Gedanken gewöhnt hatten, fanden wir die Sache ganz reizvoll; wir hatten ja schon längst auf einen neuen Einsatz gewartet. Es war auch nicht einer unter uns, der nicht ziemlich genau über Eddie Rickenbacker Bescheid wußte, Amerikas Fliegerheld des ersten Weltkrieges, der mehr deutsche Flugzeuge abgeschossen hatte als irgendein anderer Amerikaner. Statt nach dem Kriege einen soliden Beruf zu ergreifen, war er bei der Fliegerei geblieben, und schließlich leitete er eine große, gutgehende Luftverkehrsgesellschaft. Es ist darum verständlich, daß wir alle gerne dem Mann begegnen wollten, der im Kriege wie auch im zivilen Leben dem Tode oft unter dramatischen Umständen entronnen war.

Den größten Beweis seines Mutes gab er – da ich selbst Flieger bin, kann ich es wohl beurteilen –, als er, schwer verletzt und in mit Benzin vollgesogenen Kleidern, unter den Trümmern seines über Georgia abgestürzten Flugzeugs lag und dabei die Rettungsarbeiten leitete. Benzin war auf die Erde und über die Trümmer, in denen noch einige Menschen wie in der Falle saßen, geflossen. Stundenlang lag Rickenbacker so, wies die Rettungsmannschaft an und warnte alle Neuhinzukommenden: »Zündet kein Streichholz an, zündet kein Streichholz an!«

Er hat diese und viele andere Katastrophen überstanden, um neue Heldentaten – viele noch heute der Öffentlichkeit unbekannt – für sein Land zu vollbringen.

Wir sprachen lebhaft über ihn, als wir zum Abendessen zurückgingen. Wir wußten, wenn Rickenbacker etwas sehen wollte, so ging er auch nahe genug heran. Und das hieß, daß auch wir Gelegenheit haben würden, mancherlei zu sehen.

Unsere neue Abflugzeit war auf 1/2 11 Uhr nachts festgesetzt. Wir waren pünktlich zur Stelle und bereiteten alles vor, während unsere B 17 ein zweites Mal anlief. Wir kontrollierten die Instrumente und verstauten die zusätzlichen Lebensmittel, die noch ankamen. Zwei Feldbetten wurden im Bombenraum untergebracht.

Dann stellten wir fest, daß wir noch einen weiteren Passagier hatten, einen bleich aussehenden jungen Mann, Sergeant Alex Kaczmarczyk, der zu seinem Regiment irgendwo im südwestlichen Pazifik zurückkehrte. Vor kurzem war er erst aus dem Lazarett entlassen worden, wo er 48 Tage mit Gelbsucht gelegen hatte. Er war uns als Maschinist zugeteilt; Bartek wurde also zweiter Maschinist.

Etwa um 10 Uhr machten wir die Benzintanks fertig und füllten den Brennstoff nach, der beim Anwärmen der Motoren verbraucht worden war. Um 10.20

Uhr waren wir alle an unserem Platz. Hauptmann Bill Cherry saß im linken Führersitz, ich im rechten.

Leutnant De Angelis war in einem vorderen Raum, in dem sich gewöhnlich die Männer aufhielten, die die Bomben ausklinkten; doch heute hatten wir nicht zu bombardieren. So baute sich De Angelis dort seinen Kartentisch auf, um unseren Kurs aufzuzeichnen.

Sergeant Reynolds war im Funkraum, der sich etwa mittschiffs befand. – Johnny Bartek stand in Bereitschaft an der Anlasserkontrolle, während der junge Kaczmarczyk im Bombenraum wartete.

»Nun«, bemerkte Cherry, »wenn *er* fertig ist – wir sind es!«

In diesem Augenblick näherten sich die Lichter eines Stabswagens unserer Maschine.

Das Flugzeug schütterte schwach, als unsere Passagiere an Bord kamen. Ich hörte Schritte hinter uns. Um 10.28 Uhr legte sich eine Hand auf meine Schulter, und eine Stimme sagte:

»Mein Name ist Rickenbacker.«

Zweites Kapitel

Ich ergriff Hauptmann Rickenbackers Hand, nannte meinen Namen und stellte ihm dann Cherry vor. Rickenbackers Begleiter war Oberst Hans Adamson aus Washington, sein Freund aus dem ersten Weltkrieg. Rikkenbacker hatte Oberst Adamson mitgenommen, weil das Kriegsministerium einen militärischen Sachverständigen als Begleiter gewünscht hatte.

Cherry erklärte, daß alles bereit sei. Unsere Passagiere nahmen Platz; Rickenbacker hinter Cherry und Oberst Adamson hinter mir. Dann schnallten sie sich an.

Ich ließ die vier Motoren anspringen, und zwei Minuten später waren wir auf der Startbahn. Um die Länge derselben voll auszunutzen, war es notwendig, daß wir in leichten Gegenwind gingen. Daher mußten wir unsere Seitensteuer gebrauchen, um uns auf der Bahn zu halten.

Ich ließ alle vier Motoren auf volle Touren laufen, und damit begann das erste der vielen Mißgeschicke, die uns in den nächsten drei Wochen treffen sollten. Mit 60 Stundenmeilen mitten auf der Bahn verklemmte sich durch die Bremsführung ein Steuer.

Die große Maschine raste aus der Startbahn und schoß auf die Flugzeughallen zu. Um den Gebäuden zu entgehen und ein Abkommen vom Flugplatz zu verhindern, begann Cherry mit 50 Stundenmeilen Schleifen auf dem Boden zu drehen. Dabei zieht das Flugzeug so lange enge Kreise, bis seine Eigenkraft aufgebraucht ist. Das war eine ungeheure Belastung für die Bereifung, aber sie hielt. Als wir langsam ausrollten, waren wir wieder auf der Startbahn. Es war ein Meisterstück von Bill Cherry.

Gerade als wir mit dem Drehen begannen und wie wild gegen die Hallen rasten, erhob sich Rickenbacker halb und schien etwas sagen zu wollen. Aber er lehnte sich zurück, ohne es zu tun.

Als wir endlich hielten, sagte Rickenbacker zu Cherry: »Gute Arbeit, wirklich tadellos. Aber einen Augenblick dachte ich, die Bereifung würde nicht halten.«

Cherry machte einen Versuch zu lachen: »Wir haben beide dasselbe gedacht«, sagte er.

Während ein Lastwagen uns zu den Hallen zurückschleppte, war Sergeant Kaczmarczyk schon dabei, das entstandene Durcheinander im hinteren Teil der Maschine in Ordnung zu bringen. Eine kurze Besichtigung ergab, daß eine Reparatur während der Nacht nicht mehr durchgeführt werden konnte. So wurde eine andere Fliegende Festung aus der Halle geholt und die Motoren zum Anwärmen angelassen.

Die Feldbetten, Rickenbackers und Adamsons Gepäck sowie verschiedene Säcke mit Post für unsere Streitkräfte im Pazifik und unsere eigenen Sachen wurden umgeladen. Während das geschah, sah ich, wie De Angelis seinen Oktanten kritisch musterte.

Der Oktant ist ein nautisches Instrument, ähnlich dem Sextanten, aber mit einem Bogen von 45^0 versehen. Gleich dem Sextanten wird er zur Navigation sowohl in der Luft wie auf See gebraucht. Man mißt mit ihm die Winkel und Winkelentfernungen zur Ermittlung der Breiten- und Längengrade.

»Ist mit dem Ding was los?« fragte ich.

»Es scheint nicht«, erwiderte De Angelis, »obwohl er einen ziemlichen Stoß bekam. Während wir uns im Kreise drehten, rollte er vom Tisch und schlug gegen die Seitenwand. Ich konnte ihn gerade noch festhalten.«

Er trug den Oktanten hinüber in die neue Maschine. – Ich war froh, daß ich während des Kreisens nicht den Platz von De Angelis da vorne gehabt hatte. Wie leicht hätte ein Steuer nachgeben können, und dann wäre John am Boden gewesen – und die Maschine über ihm.

Am Morgen des 21. Oktober, 1.29 Uhr, ließen wir unsere Motoren an, und eine Minute später schossen wir die Startbahn entlang.

Ich brachte unseren Funkpeiler auf die gleiche Frequenz mit dem Honolulu-Sender, um Verhaltungsmaßregeln entgegennehmen zu können. Die große Maschine erhob sich leicht, und wir waren in der Luft. Durch eine dunstige und bewölkte Schicht kletterten wir schnell in klare Luft.

De Angelis gab Cherry und mir die notwendigen Richtungspositionen. Cherry schwenkte auf unseren Kurs ein.

Rickenbacker und der Oberst vertrieben sich die Zeit mit Gesprächen. Es war eine zauberhafte Vollmondnacht. Schließlich schlug Oberst Adamson vor, schlafen zu gehen, und Kaczmarczyk machte es sich im Bombenraum bequem.

Unser nächstes Ziel war die Insel X, etwa 1700 Meilen südwestlich der Hawaii-Gruppe. Wir wußten, daß Rickenbackers Interesse besonders unseren Luftwaffeneinheiten galt, und so war es nicht schwer, sich auszurechnen, daß es weiter nach Guadalcanal und anderen Inselgruppen gehen würde, wo sich solche Einheiten befanden.

Wir flogen dahin in 2500 m Höhe, weit über der Wolkenbank, als um 5 Uhr morgens Cherry meinte, er wolle versuchen, etwas zu schlafen. So übernahm ich das Steuer.

De Angelis kam und sagte, daß er einige Ortsbestimmungen durchgeführt habe, in der Halbdämmerung, während die Sterne gerade noch am Himmel standen.

Dabei habe er festgestellt, daß wir uns direkt auf Kurs befänden. Er habe fast keine Abweichung von seiner ersten Kursbestimmung festgestellt, fügte er noch hinzu.

Nach einer Stunde etwa kam Cherry von hinten zurück und meinte, daß es zu kalt zum Schlafen sei. In 3000 m Höhe ist es kaum ein Unterschied, ob man über dem Äquator fliegt oder im Januar über Chikago.

Ich blieb, bis Rick – wie ich ihn von jetzt an nenne – zum Führersitz zurückkehrte. Er fragte, wie es ginge, und wir konnten ihm sagen, daß alles in Ordnung sei. Weiter wollte er wissen, ob wir seit Tagesanbruch etwas Besonderes entdeckt hätten. Nein, wir hatten nichts als Wolken gesehen.

»Würden Sie ein Weilchen das Steuer nehmen wollen, Captain?« fragte ich. Rick war an sich Oberst der Reserve, aber ich hatte mir sagen lassen, daß es ihm lieber war, Captain genannt zu werden. So gab ich ihm diesen Rang, mit dem er aus dem ersten Weltkrieg zurückgekehrt war, nachdem er 26 feindliche Flugzeuge abgeschossen hatte. Rick lächelte.

»Ich werde es wahrscheinlich verlernt haben, nach Instrumenten zu fliegen«, sagte er.

Nun, er setzte sich jedenfalls ans Steuer und hielt den geraden Kurs ein. Ich ging nach hinten und kehrte mit Fruchtsaft, belegten Butterbroten und mit heißem Kaffee in Thermosflaschen zurück.

Rick und Cherry versuchten, die Bomber des ersten Weltkrieges mit unseren Fliegenden Festungen zu vergleichen – wenn es da überhaupt noch Vergleichsmöglichkeiten gab. In der Diskussion über diese fliegenden Seifenkisten von 1916 war Cherry bald unterlegen.

»Ich gebe es auf«, lachte er, »ich war nicht dabei.«

Und das war schon so: Zu der Zeit der Rumplertauben und der Doppeldecker krabbelte er noch in den Zimmern seines Elternhauses auf dem Fußboden herum. – Wieder war ich erstaunt und überrascht, daß ein Mann wie Rick, der damals immer mitten im Schlamassel war, nun in einem neuen und noch schrecklicheren Krieg wieder seinem Vaterlande diente. Ich dachte an die Bomben des ersten Weltkrieges – es waren doch nur Eier.

Dann schaute ich nach hinten in den Bombenraum unserer Fliegenden Festung – schwarz gähnte er mir entgegen, wie eine Höhle im Morgenlicht. Und ich stellte mir die riesigen stählernen Todesgeschosse vor, die erst kürzlich von hier auf die kleinen Männlein im Pazifik hinabgesandt worden waren – und an die Tausende von Meilen, die geflogen werden mußten, nur um dies durchführen zu können. Ich war froh, nicht einer dieser kleinen Männlein gewesen zu sein.

Während ich darüber nachdachte, hatte Bill Cherry das Radio eingeschaltet und fingerte an dem Funkpeiler herum, um eine Radio-Kompaß-Peilung zu bekommen. Das wird so gemacht: Man stellt einen bekannten Sender ein, und der Zeiger des Instrumentes zeigt nun die Richtung an, in der die Station vom Flugzeug aus liegt.

»Jim«, fragte er mit seltsamem Blick, »war dieses Ding heute morgen in Ordnung?«

»Gewiß« sagte ich, »ich hatte gute Verbindung mit dem Honolulu-Sender. Stimmt etwas nicht?«

»Es bewegt sich jetzt nicht einen Zoll breit.«

Außen am Rumpf des Flugzeuges befindet sich ein kleiner Sucher, mit dessen Hilfe man einen Sender hereinbekommt. Dieser wird durch einen Hebel eingestellt, der durch eine Verlängerung vom Führersitz aus bedient werden kann. Ich versuchte ihn zu bewegen und stellte fest, daß er sich nur um ein paar Grad bewegen ließ, obwohl er einen ganzen Kreis beschreiben sollte.

Ich versuchte es weiter, während Cherry das Steuer nahm und langsam aus unserer 3 000-m-Höhe herunterging. Der Zeitpunkt rückte näher, zu dem wir nach der Berechnung unser Ziel erreichen sollten. Der Hebel funktionierte noch immer nicht.

Doch alles dies wurde unwichtig, als De Angelis mit düsterer Miene ankam. Tatsächlich war die für unsere Ankunft errechnete Zeit bereits überschritten. Aber obwohl wir uns unter der Wolkendecke befanden, konnten wir keine Insel ausmachen. Es war unmöglich, daß wir sie überflogen hatten, denn seit unserem Abflug hatten wir sorgfältig unsere Geschwindigkeit und die Windverhältnisse berechnet.

Nur eine Erklärung blieb: Wir waren an der Insel seitlich vorbeigeflogen, entweder nordöstlich oder südwestlich. Da fiel uns ein, daß der Oktant, während wir auf dem Boden unsere Schleifen drehten, an die Wand geschleudert worden war. Zweifellos hatte er dabei einen Knacks gekriegt; und während wir meinten, auf richtigem Kurs zu sein, waren wir tatsächlich um etwas nach rechts oder links abgewichen.

Da war nichts anderes zu machen, als der Tatsache ins Auge zu sehen, und Bill Cherry faßte sie in Worte:

»Wir haben uns verflogen«, sagte er – und weiter nichts.

Während wir nun die Insel suchten, hatte Sergeant Reynolds bereits Verbindung mit der dortigen drahtlosen Station aufgenommen. Cherry war bereit, mit Ricks Hilfe das Manöver »Flugzeug verflogen« durchzuführen.

Dabei wird folgendermaßen verfahren: Die Bodenstation nimmt in Abständen von 15 Minuten zwei Peilungen an den Sender des Flugzeuges vor. Das ergibt eine Kreuzpeilung des Kurses und wird technisch als »Klemme« bezeichnet. Auf einer Karte werden dann die Linien von den zwei Peilungspunkten zur Station gezogen, und so wird es dieser möglich, die tatsächliche Lage des Flugplatzes festzustellen und es auf einen neuen Kurs zu bringen.

Doch gelang dieses in unserem Falle nicht. Die Insel antwortete uns auf Cherrys Anfrage, daß sie für dieses Manöver noch nicht die notwendigen Instrumente hätte.

»So ist's richtig«, meinte Cherry und befahl Reynolds, es mit anderen Stationen zu versuchen. Damit vergingen einige Minuten. Dann sagte Reynolds etwas zu Bill, und dessen Gesicht leuchtete auf. Es schien, daß wir eine Station hatten, die uns helfen konnte.

Uns allen wurde etwas wohler. In den folgenden Tagen dachte ich manches Mal an diese kurze sorgenfreie Atempause. Es waren die letzten sorglosen Augenblicke, die ich für viele schwere Tage haben sollte.

Dann sah ich Cherrys Gesicht verdrießlich werden. Er sagte zu Rick: »Da haben wir's. Die Station ist etwa 1000 Meilen entfernt.«

»Und wieviel Brennstoff haben Sie?« fragte Rick.

»Genug für knapp vier Stunden«, erwiderte Bill. Das war so viel, daß es gerade für etwas mehr als drei Viertel des Weges gereicht hätte.

Drittes Kapitel

Jetzt begann die kurze Zeitspanne der Schicksalsprüfungen, die mich mein Leben lang mit Bewunderung für zwei klardenkende und kaltblütige Männer erfüllen wird: Bill Cherry und Eddie Rickenbacker. Ich nenne Bill als ersten, weil wir es ihm zunächst verdanken, daß wir überhaupt noch am Leben sind. Nie ist mir ein Flieger begegnet, der in kritischen Augenblicken so meisterhaft die Situation beherrschte wie er. Und Rickenbackers klare Vorausschau und gründliche Vorbereitungen wandten zweifellos große Gefahren ab.

Aber meine Bewunderung gilt auch den übrigen Leuten unserer Mannschaft. Sie benahmen sich so, wie man es von einer guten Mannschaft erwartet. Bei Bombenangriffen wird die Besatzung ein Teil der Maschine, und mit der Maschine sind sie nichts anderes als eine unpersönliche, erbarmungslose Einheit.

Meiner Ansicht nach verrichteten unsere Leute an diesem Tage ihre Aufgaben ebenso geschickt und glatt wie nur je eine andere Mannschaft, die ihre Bombenlast auf Tokio oder Berlin abwarf. Die Verantwortung für unsere Sicherheit lag auf Bill Cherry, und er trat der Lage genauso kühl entgegen, wie einer seiner texanischen Landsleute einem angreifenden Stier begegnet.

»Was gedenken Sie jetzt zu tun?« fragte Rick.

»Wir werden zuerst die ›Abfliegungsmethode‹ versuchen«, erwiderte Cherry. »Außerdem gibt es noch einige andere Möglichkeiten, die helfen könnten.«

Bei der »Abfliegungsmethode« steuert ein verflogenes Flugzeug einen Kurs, der ein Quadrat umreißt. So ist es der Mannschaft möglich, ein gewaltiges Gelände innerhalb und außerhalb dieses Quadrats zu überschauen. Bei einer Höhe von etwa 1 500 m befanden wir uns 600 m über der Wolkendecke, die zur Hälfte offen war, so daß wir eine gute Sicht auf den Ozean hatten.

Cherry erklärte, wenn er für die Länge jeder Quadratseite 45 Flugminuten ansetze, würde nach Beendigung des Fluges immer noch Brennstoff für etwa eine Stunde übrigbleiben. Als wir mit dem Abfliegen der ersten Seite begannen, befahl er Reynolds, die Verbindung mit der Insel X wieder aufzunehmen.

Als Reynolds sie bekommen hatte, ließ Cherry bitten, man möge dort Flakgranaten abschießen, Explosiveinstellung 2 000 m Höhe. Wir stiegen jetzt auf 3 000 m, einmal, um weiter sehen zu können, und zum andern, um über den berstenden Granaten zu sein.

Insel X antwortete, sie würde sogleich mit dem Feuer beginnen und so schnell wie möglich Maschinen klarmachen, die uns suchen und übernehmen sollten. Unsere Leute wurden an allen Fenstern aufgestellt, um nach den Explosionswolken und den Flugzeugen Ausschau zu halten. Rick und Oberst Adamson beteiligten sich ebenfalls daran. Im Führersitz neben Bill Cherry strengte ich meine Augen an, um grauschwarze Explosionswölkchen zu sehen, die die Lage unserer Insel anzeigen mußten, oder schwarze Punkte zu entdecken, die sich als Flugzeuge erweisen konnten.

Ich durchforschte die breiten Ränder der Wolkenbank, das blaue Himmelsgewölbe über uns und die blaue Wasserwüste tief unter uns. Nie habe ich die Welt so unheilvoll leer gesehen.

Wir legten die erste Seite des Flugquadrats zurück und die zweite. Wir näherten uns dem Ende der dritten. Wir kurvten in die vierte und letzte Seite, und immer noch sahen wir keine Explosionswolken oder Flugzeuge. Ricks Gesicht war – soweit ich ihn beobachten konnte – unergründlich. Cherrys Landsleute würden stolz auf dessen Pokergesicht gewesen sein.

Als die dritte der vier Stunden abgelaufen war und wir unseren Ausgangspunkt wieder erreicht hatten, forderte Bill Reynolds auf: »Gehen Sie zur Funkanlage und senden Sie SOS! Irgend jemand wird uns hören und unseren Kurs ansteuern.« Dann gab er Reynolds noch unsere Richtung und Geschwindigkeit an und wandte sich dann zu mir: »Jim«, fuhr er fort, »es wird uns nichts anderes übrigbleiben, als in einer Stunde zu landen. Laß uns überlegen, wie wir das am besten tun können.«

Soweit wir wußten, war bisher noch kein viermotoriges Landflugzeug ohne Bruch auf See gelandet. In den meisten Fällen war keiner von der Mannschaft am Leben geblieben, so daß er darüber etwas hätte berichten können.

Geht ein Flugzeug im Ozean gegen den Wind hinab, so treffen es die Wellen von vorne. Wenn es einen Wogenkamm berührt, taucht es seine Nase in die nächste Welle und schlägt um. Vielleicht wird die Maschine nicht augenblicklich sinken, aber sie wird fortgesetzt in Kopfsprüngen durch das Wasser tauchen. Setzt die Maschine zu hart auf den Wellen auf, bricht sie entzwei, und die Teile gehen augenblicklich unter. Es ist unvermeidbar, daß die Mannschaft bei einer Bruchlandung für einige Zeit betäubt ist, und dann hat Davy Jones* reichlich Zeit, sie sich zu schnappen.

Ich schlug daher vor, in Kreuzwind zu gehen und die Maschine längsseits zwischen zwei Wellen aufzusetzen. Bill fand dies vernünftig und fügte hinzu: »Ich meine, wir sollten es tun, solange wir noch Benzin in den Behältern haben. Eine Landung mit arbeitenden Motoren ist immer besser als eine unkontrollierbare.«

Dieses schien auch mir logisch. Rick, der an diesem Gespräch teilgenommen hatte, übernahm nun die Einteilung der Mannschaft und traf Bestimmungen, von denen ich bereits sprach: eben die Vorbereitungen, denen wir die Rettung unseres Lebens verdanken.

Rick hieß alle, mit Ausnahme von Reynolds, in die Abteilung hinter dem Bombenraum gehen und sich dort niederlegen, die Köpfe zum Schwanzende gerichtet und die Füße gegen die Schotten gestützt. Die Matratzen von den Feldbetten wurden als Polsterung genommen. Rick selbst legte sich an eine Tür neben dem vorderen Bombenraum.

* Davy Jones: Gestalt der amerikanischen Meeressage, der Wächter der ertrunkenen Seeleute auf dem Meeresgrund.

Bill stieß das Steuer vorwärts, und unser großer olivengrauer Kriegsvogel begann seine Nase zu seiner ersten Wasserung zu senken. Ich nahm die beiden Polster von den Sitzen hinter uns, und Bill und ich drückten sie gegen den Magen und befestigten darüber die Schwimmwesten. Ich wandte mich zu Cherry und streckte ihm meine Hand entgegen:

»Es war mir eine wirkliche Freude, dich kennenzulernen, Bill«, sagte ich.

Er ergriff kurz meine Hand. »Du wirst mich noch lange kennen, Jim«, antwortete er. Er schaute mich einen Augenblick mit seinen offenen Texas-Augen an, und dann widmete er seine Aufmerksamkeit wieder dem Wasser, das uns fast entgegenzustürzen schien.

Da wir nicht wußten, wieviel Brennstoff uns geblieben war, stellten wir auf alle Fälle in 150 m Höhe die beiden Innenbordmotoren ab und verkeilten die Propeller, damit sie der Wind nicht bewegen konnte. Inzwischen hatte Rick die hintere Deckklappe öffnen können, und mit Hilfe der übrigen Mannschaft warf er Ausrüstung und Gepäck hinaus, um die Maschine leichter zu machen. Damit wurde die Heftigkeit des Aufpralles gemindert. Die Feldbetten wurden hinausgeworfen und ich glaube auch die sechs Postsäcke.

Jetzt wandte ich meine Augen auf Cherry, der auf die Wellen starrte. Bei bewegter See würde es schwer sein, den rechten Augenblick abzupassen, um das richtige Wellental zu finden. In diesem Augenblick hörten wir die Stimme De Angelis', der hinter uns getreten war:

»Was würden Sie davon halten, wenn ich betete?« fragte er.

»Ja, was in aller Welt denken Sie denn, was wir tun?« stieß Bill zwischen den Zähnen hervor, ohne seine Augen zu erheben. De Angelis kehrte zu den anderen zurück, und einen Augenblick später erklang Ricks Stimme, klar und ruhig:

»16 m«, und gleich darauf: »9 m.«

Ich erinnere mich, daß ich bei De Angelis' Vorschlag zu beten ein Gefühl von großer Verwirrung hatte. Was für ein Unsinn, dachte ich, zu einer Zeit vom Beten zu sprechen, wo wir alle unsere fünf Sinne gebrauchten, um unser Leben zu retten. In den folgenden Tagen sollte ich mich dieser Gedanken oft und voll Scham erinnern.

Es war merkwürdig still in der Maschine. Das gedämpfte Geräusch der zwei Außenbordmotoren schien weit weg zu sein. In schwachen Stößen pfiff der Wind gegen den Rumpf, und dann war das Gewimmer da von Reynolds' Funkanlage, durchdringend und beharrlich.

Durchdringend und beharrlich, ja – aber wie dünn und winzig erklang es in dieser gewaltigen und leeren Welt, die sich vor uns, über uns und nach allen Seiten hin erstreckte. Wir sollten es noch erfahren, daß Stimmen unendlich schwächer, doch gehört werden: von Gott.

»3 m.«

Der junge Johnny Bartek raste vom Heck nach vorne und löste die Riegel, die die schmale Nottür über dem Führersitz zuhielten. Sie sprang auf und war im Augenblick weggerissen. Bartek hielt kurz im Bombenraum an, machte dort die Nottür frei und sprang dann an seinen Platz auf dem Gang zurück.

Der Wind rarrte und heulte jetzt durch die offenen Luken. Wir hatten 90 Meilen Stundengeschwindigkeit. Landungsklappen und Steuer waren frei, so daß die Landung auf dem Wasser durch nichts behindert werden konnte. Man kann sich kaum vorstellen, welcher Willenskraft es bedarf, eine Maschine auf See aufzusetzen, die nicht mehr Brennstoff in den Behältern hat als gerade eine Teetasse voll.

»1 1/2 m«, schrie Rick, »1 m ... 1/2!«

»Hebel heraus!« rief Bill gellend.

Ich zog den Hebel der Hauptschaltung heraus und unterbrach dadurch jeden elektrischen Kontakt im Flugzeug. Bill riß das Steuer zurück, den Schwanz ins Wasser tauchend. Die Maschine setzte zwischen zwei Wellen auf und stürmte dahin, blieb aber auf dem Wasserspiegel. Die Wellen rollten auf uns zu – wir waren drin. Von 90 Meilen Stundengeschwindigkeit kamen wir zum völligen Stillstand in knapp 10 Metern – in 10 Schritten.

Der Schock und der Druck dieser Landung ist dem kaum zu beschreiben, der sie nicht selbst mitgemacht hat. Trotz der Polster schien die Schwimmweste mich entzweischneiden zu wollen. Im Mund hatte ich einen Geschmack nach bitterem Essig. Meine Augen drehten sich in Kreisen, wie der Draht einer straff gespannten Sprungfeder sich von unten bis zur Spitze windet. Ich konnte nichts sehen und glaubte, das Bewußtsein zu verlieren.

Ich versuchte die Schwimmweste zu lockern. Der Druck im Kopf ließ schnell nach, meine schmerzenden Augen begannen, ihre Kreise einzustellen. Ich erinnere mich nicht, meinen Sitz verlassen zu haben; ich weiß nur: Ich war hoch und riß die Reißschnur auf, mit der eines von den zwei fünfsitzigen Schlauchbooten an der Seitenwand oben festgehalten wurde. Rick machte das hintere Boot los.

De Angelis und Kaczmarczyk schoben das winzige Drei-Mann-Boot durch die Nottür über dem Bombenraum. Rick hatte sie für dieses Boot bestimmt, weil sie die kleinsten und leichtesten unserer Gesellschaft waren.

Bill Cherry kletterte unverletzt aus dem Führersitz. – An Reynolds' Nase entlang strömte aus einer Schnittwunde Blut. Er war bei seinem Apparat geblieben, SOS-Rufe aussendend, bis Rick »1 m« rief. Reynolds wußte gar nicht, wobei er sich geschnitten hatte. –

Ich hörte Oberst Adamson unter großen Schmerzen rufen, daß seine Schulter ausgerenkt sei. – Ich selbst hatte eine unbedeutende Verletzung am Arm.

Auf wessen Befehl wir die Maschine verließen, weiß ich nicht. Ich mußte nur immer daran denken, daß wahrscheinlich zum erstenmal in der Weltgeschichte ein viermotoriges Landflugzeug mitten auf dem Ozean gelandet war, ohne ernsthaft Schaden zu nehmen.

Wir waren schnell draußen. Durch die zerbrochenen Fenster flutete bereits Wasser in die Maschine und, wie es schien, auch durch Risse im Rumpf. Ich bemerkte nur, daß Bill Cherry als letzter herauskam. Und das war genau das, was zu erwarten war. Bill Cherry war unser Kommandant, und dementsprechend handelte er.

Als ich mich selbst zu dem strahlenden Sonnenlicht hinaufgezogen hatte, sah ich, daß Rick und Bartek auf der einen und Oberst Adamson auf der anderen Tragfläche standen. Das Gesicht des Obersten war schmerzvoll verzogen, wahrscheinlich hatte er innere Verletzungen. Zwei von uns standen auf dem Rumpf des Flugzeugs.

Mein erster Gedanke waren die Schlauchboote – mit gutem Grund!

Dieser Ozean, der aus 2 000 und 3 000 m Höhe so glatt wie das Parkett eines Tanzsaals ausgesehen hatte, war in Wirklichkeit eine schwergehende See mit rollenden, 3 bis 4 m hohen Wellen. Und diese gaben unserer Maschine bald den Rest. Sie schlingerte von einer Seite auf die andere, schleuderte auf und ab und wurde mit Wasserfluten nur so überschüttet. Ich war neugierig, wie lange sie das noch aushalten würde.

Wir hatten alle große Mühe, festen Halt zu gewinnen, ganz besonders aber Adamson, dem die Schmerzen zusetzten. Die beiden größeren Boote waren schon aufgeblasen und flottgemacht. Als ich mich umschaute, pumpten De Angelis und Kaczmarczyk das ihre auf.

Da diese Schlauchboote von jetzt an eine große Rolle für uns spielten, will ich einiges von ihren guten und schlechten Eigenschaften berichten. Um das Gute vorwegzunehmen: Sie waren praktisch und dauerhaft, sie hielten gut aus, besser als die Männer darin. Und nun zum anderen.

Wenn die Reißschnüre, mit denen die Boote im Innern des Flugzeugs befestigt sind, aufgezogen werden, fallen sie unaufgepumpt auf die Tragfläche. Durch die starken Leinen, mit denen sie vertäut sind, werden sie vor dem Wegschwimmen bewahrt. Die Leute, die nun aus der Maschine klettern, zerreißen diese Leinen mit einem scharfen Ruck. Dadurch wird eine Klappe geöffnet, durch die aus einer Flasche komprimierter Sauerstoff strömt und die Bootswände auffüllt. Mit der Leine wird das Boot immer noch beim Flugzeug gehalten, bis alle Männer an Bord sind.

Das kleinere Boot, das sich ebenfalls innerhalb des Flugzeugs befindet, muß mit der Hand aufgepumpt und ohne Hilfe von Leinen ins Wasser gelassen werden.

Die Seitenwände dieser Boote bestehen aus mit einer Gummischicht überzogenem Segeltuch und sind, aufgefüllt, nicht ganz einen halben Meter dick. In diesen Wänden sind zwei Luftschläuche aus Gummi. Das Ganze ist überzogen mit dreifachem Segeltuch, das etwa einen halben Zentimeter dick ist. In den größeren Booten sind zwei Luftkissen, ebenfalls mit Segeltuch überzogene Luftschläuche. Diese werden nicht mit den Seitenwänden der Boote zusammen aufgepumpt, sondern für sich mit der Hand.

Die Pumpen gehören zur Ausrüstung und werden täglich gebraucht, weil die Luft langsam aus den Schläuchen entweicht, wie bei Autoreifen, nur schneller.

In den folgenden Tagen wurde dieses Lufteinpumpen immer schwerer. Zuerst machte ein Mann die Arbeit in 15 Minuten, dann brauchte er schon 30 oder 40

Minuten. Schließlich waren zwei Mann zwei Stunden damit beschäftigt.

Die Unterseite der Boote ist in der Farbe des Meeres, also blau angestrichen, um die größeren Fische nicht zu erschrecken, die sie sonst angreifen und durchbohren könnten. Die Bootswände innen und außen, ebenso wie der Boden, sind mit einem grellen Gelb versehen, so daß sie, von oben gesehen, gegen die See abstechen.

Das Schlimmste, und was uns während unseres Aufenthaltes in diesen Schlauchbooten am meisten Unbehagen verursachte, war die Größe. Oder besser, der Mangel jeder Größe. Die Ausmaße waren 1,2 : 2,1 m, die Innenmaße 0,8 : 1,7 m. Und die kleinen Boote sind noch winziger.

Augenscheinlich hat der Konstrukteur an Zwerge gedacht, als er die Fassungskraft der Boote mit fünf Mann ansetzte. Ich bin mit 1,76 m kein ausgesprochen großer Mann und wiege 165 Pfund. Cherry hat ungefähr die gleiche Größe, wir könnten einer des anderen Anzüge tragen. Jimmy Reynolds ist viel leichter und etwa 2 cm kleiner als ich. Und doch, wir drei fanden, allerdings mit Mühe, eingepökelt wie die Heringe, in unserem Boot Platz.

Das kleine Boot, welches wir »Pfannkuchen« nannten, war zu klein für einen Mann. Daß zwei darin sitzen sollten, war fast unvorstellbar. Das Fassungsvermögen war aber für zwei Personen angesetzt.

Wie ich schon sagte, pumpten De Angelis und Kaczmarczyk ihren »Pfannkuchen« gerade auf, als ich aus dem Flugzeug auftauchte. Einer von ihnen kletterte hinein, und der andere versuchte, ihm zu folgen. Bei diesem Versuch fielen beide ins Wasser.

Auch Rick und Bartek hatten ihre Sorgen. Oberst Adamson sollte zu ihnen ins Boot, aber wegen seiner Schmerzen konnte er ihnen nicht beistehen. Schließlich aber gelangten sie hinein und konnten den Oberst zu sich nehmen.

De Angelis und Alex Kaczmarczyk schwammen immer noch im Wasser, als Cherry, Reynolds und ich schon ohne Mißgeschick in unsere Wanne gestiegen waren und ihnen zu Hilfe eilen konnten. Alex sah schwach aus und war ziemlich hilflos, als er mitten in den rollenden Wellen nach dem Boot griff. Ich war dankbar, daß unser Boot nicht umgeschlagen war, denn ich war der einzige von uns allen, der auch nicht eine Handbreit weit schwimmen konnte. Meine Schuhe hatte ich abgestreift, denn irgendwo hatte ich einmal gehört, daß man das täte. Später habe ich mehr als einmal Ursache gehabt, es zu bedauern.

Nach Honolulu-Zeit war es gerade nachmittags $1/2$ 5 Uhr gewesen, als Bill Cherry den großen Bomber wasserte. Jetzt, als die Maschine herrenlos vor uns her trieb, zeigte meine Taschenuhr zwei Minuten nach halb. Vom Augenblick unseres Aufsetzens bis jetzt eine gute und schnelle Leistung.

Meine Uhr war übrigens die einzige, die am Ende der dreiwöchigen Schicksalsprüfung noch ging. Ricks und die eines anderen überlebten die Wasserung. Zwei von denen, die stehengeblieben waren, hatten gebrochene Federn. Ricks Uhr versagte nach ein oder zwei Tagen.

Als wir vom Flugzeug abgetrieben waren, machten

wir die Aluminiumriemen los und ruderten die Boote zusammen. Rick hatte etwas Tauzeug, mit dem wir sie aneinanderbanden; denn es schien uns zunächst richtiger, zusammenzubleiben.

Unser Boot übernahm die Führung, weil Bill als Kapitän des Flugzeuges weiterhin das Kommando hatte. Als Mit-Pilot war ich zweiter im Kommando.

Es bestand auch die Möglichkeit, daß das letzte Boot die Führung übernahm. Einer kam auf den Gedanken und sagte:

»Eines ist sicher, Captain Eddie, Sie sind der Mittelpunkt.«

»Ich finde, im Augenblick sind wir alle im Mittelpunkt«, erwiderte Rick.

Wir versuchten, uns ein Bild von unserer Lage zu machen. Wir waren acht Mann in drei Booten. Unsere Ausrüstung bestand aus den Luftpumpen für die Boote, aus zwei Dolchen, drei Leuchtpistolen mit achtzehn Schuß, zwei 45-mm-Pistolen, die Adamson und Cherry gehörten, aus den Aluminiumriemen und einigen Fischangeln und Leinen. Die letzteren waren durch Johnny und De Angelis aus einem Fallschirmpacken geborgen worden.

Außerdem hatten wir unsere Schwimmwesten und natürlich unser Privateigentum. Ich besaß außer meiner Uhr noch mein Tagebuch und Bleistifte. Unsere Zigaretten waren durch das Wasser verdorben. Selbstverständlich hatten wir auch Geld, und das gab später Anlaß zu manch bitter-sarkastischer Bemerkung.

Was uns am meisten fehlte, waren Lebensmittel und Wasser. Einer von uns war angewiesen worden, für den Proviant zu sorgen, aber in der Aufregung hatte er das vergessen. Wer wollte ihm deswegen Vorwürfe machen? Das einzige, was wir hatten, waren vier Orangen, die jemand in seinen Taschen aus dem Flugzeug mitgebracht hatte und die wir jetzt im Wasser fanden. Weiter war aber auch nichts da. Nachdem wir so die Inventur unserer irdischen Habe aufgenommen hatten, übergaben wir die Orangen Oberst Adamson mit der Bestimmung, ein Achtel einer Orange pro Tag und Mann zu verteilen.

Plötzlich wurde uns allen fürchterlich übel. Ich habe oft darüber nachgedacht. Es kann kaum Seekrankheit gewesen sein, weil während der ganzen Fahrt keiner wieder krank wurde. Ich bin daher zu dem Schluß gekommen, daß es der Schock unserer Landung gewesen sein mußte.

Rick behauptete mit eiserner Energie, daß er nicht ein bißchen krank gewesen sei. Wie dem auch sei, ich habe die bestimmte Erinnerung, daß ich drei Köpfe über die Seitenwand des Bootes gebeugt sah, in dem Rick, Oberst Adamson und Bartek saßen.

Ich hatte keine Zeit darüber nachzudenken, denn ein plötzliches Aufblitzen im Wasser lenkte meine ganze Aufmerksamkeit auf sich. Ich sah genauer hin und bemerkte etwas, das uns allen bisher entgangen war. Der Schock, den ich jetzt bekam, war nicht geringer als der bei unserer Notwasserung:

Das Wasser um unsere Bootsflottille war belebt von den dreieckigen Rückenflossen der Haifische.

Da waren sie nun! Meist blieben sie ja in einer gewissen Entfernung, aber sie waren immer da, und es waren immer dieselben. Ich sah mir einige gut an, und wenn eine Welle gerade bei ihnen brach, konnte ich feststellen, daß sie oben gräulich und unten weiß waren, vom Kopf bis zum Schwanz längs grüngelb gestreift. Demnach mußten einige Tiger-Haie darunter sein, von denen ich wußte, daß sie keinen lebenden Menschen angreifen.

Ob auch noch andere Arten dabei waren, weiß ich nicht. Jedenfalls waren alle die Haie länger als unsere Boote, einige sogar bis zu 2$^1/_2$ m und 3 m. Keine Frage, daß diese uns umwerfen konnten, wenn sie wollten. Und wenn vielleicht auch keine menschenfressenden Haie in der Nähe waren, so waren da doch allerlei andere – nette Spielgefährten in diesem Gewässer, die einem Mann über Bord gewiß manches Unbehagen bereiten konnten.

Jetzt jedenfalls schienen die Haie noch nichts von uns zu wollen, und das beruhigte mich ein wenig. Wir sollten übrigens mit diesen Burschen später noch ganz gut bekannt werden.

Wir erwogen den Gedanken, ob jemand in das Flugzeug zurückklettern sollte, um Nahrungsmittel und Wasserbehälter zu bergen; aber wahrscheinlich hatte das Seewasser schon alles verdorben. Außerdem war die Gefahr groß, daß der Mann, der das Flugzeug betrat, mit ihm die Fahrt auf den Grund des Ozeans antreten würde.

Nach mehr als fünf Minuten war es immer noch flott; so ausgezeichnet hatte Bill Cherry es aufgesetzt. Aber es war doch schon so tief gesunken, daß die Tragflächen bereits unter Wasser lagen.

Wie die Boote so wegtrieben, beobachtete ich die große Fliegende Festung in voller Kriegsbemalung auf ihrer Wogenfahrt. Die Sterne in ihren Kreisen an Flügeln und Rumpf glitzerten vom Wasser. Eine gewisse Melancholie ergriff mich, und ich spürte fast körperlich den Kampf, den sie nun gegen ein Element austrug, für das sie nicht geschaffen war. Das alte Mädchen hätte wahrlich ein besseres Schicksal verdient.

Unser Boot stürzte in ein Wellental. Als wir wieder oben waren, hatte ich kurz mit unserer Leine zu tun. Ich sah zu unserem Flugzeug zurück: Es war fort. Ich war froh, seinen Untergang nicht mit angesehen zu haben.

Diese riesigen Wellen hatten von oben gar nicht so schlimm ausgesehen, aber zwischen ihnen kamen wir uns doch sehr verloren vor.

In der Tiefe eines Wellentales waren wir nicht nur von der Welt abgeschnitten, sondern sogar von den anderen Booten; unsere straff gespannte Leine verschwand in den Wellen. Waren wir dann wieder oben, so konnten wir sehen, wie die anderen Boote jäh in das nächste Wellental stürzten.

Es war auch gut, daß wir uns sehen konnten, denn mit dem Untergang der Fliegenden Festung war uns allen bewußt geworden, wie einsam wir waren und wie leer und verlassen der Ozean sein kann. So wurden wir durch die harte Gegenwart von unseren trüben Gedanken abgelenkt, durch diese unangenehmen Gischtspritzer, die uns überschütteten. Ein wütender Ärger war die Reaktion. Wir hofften, daß die Flugzeuge sich mit unserer Rettung beeilen würden, damit wir auch nicht eine Nacht in diesen jämmerlichen, viel zu kleinen Booten verbringen müßten.

»Dem Mann, der das Flugzeug entdeckt, das zu unserer Rettung kommt, gebe ich 100 Dollar!« rief Rick. Die jungen Leute brüllten Beifall, und alle begannen wir aufs neue, den Himmel abzusuchen. Die meisten von uns starrten die Sonne an, die wie ein karmesinroter Ball unterging.

»Abendsonne – Seemanns Wonne«, zitierte einer. Aber im Westen war kein Flugzeug zu entdecken.

In einigen Minuten war die Sonne verschwunden. Es war, als ob ein elektrisches Licht ausgeschaltet würde, so schnell setzt die Dunkelheit hier am Äquator ein. Dann ging ein Dreiviertel-Mond auf, und wir konnten gut von einem Boot zum andern sehen.

Uns wurde klar, daß wir zur Nacht keine Rettung mehr erwarten konnten. Dennoch machten wir noch einen letzten Versuch: Bill Cherry feuerte eine Leuchtpatrone ab, und wir beobachteten ihre Bahn. Ihr blendender rosiger Glanz verdunkelte für einen Augenblick die Sterne und ließ den Mond erblassen.

Als sie ausgebrannt war, versuchten wir, uns so bequem wie möglich für die Nacht einzurichten. Wir waren in dieser Beziehung nicht sehr verwöhnt, und das war nur gut; die künftigen Ereignisse wären sonst noch schwerer zu ertragen gewesen.

In Ricks Boot saß Oberst Adamson an dem einen Ende, Rick und Bartek nebeneinander am anderen. Die beiden hielten sich mit den Armen umschlungen, um sich vor dem Hinausfallen zu bewahren. Diese Stellung erwies sich als brauchbar, sparte Raum und hielt die beiden so warm, wie sie es sonst nicht gewesen wären.

In unserem Boot lag ich im Heck, den Sitz im Rükken, Cherry lag auf dem Boden des Bootes und lehnte sich an mich, und Jimmy Reynolds hatte sich im Bug zusammengerollt.

Über die Anordnung im »Pfannkuchen« mußten wir zuerst alle lachen, aber es war eine qualvolle Prüfung für De Angelis und Kaczmarczyk, bis zum Schluß. Es gab nur eine Möglichkeit, sie konnten sich nur gegenübersitzen und ihre Beine über die Schultern des andern legen. Und das Tag und Nacht!

Sehr bald merkten wir, daß wir keinen tiefen Schlaf finden konnten. Um dem Gischt zu entgehen, mußte man auf dem Boden des Bootes liegen – 12 cm im Wasser, so viel war immer drin, ganz gleich wieviel wir auch ausschöpften.

Wir versuchten auch mal eine andere Stellung und legten uns nebeneinander, aber das war um nichts besser. Einer mußte in der Mitte und damit im Wasser liegen, den beiden an den Seiten dagegen rannen die eisigen Gischtspritzer über den Rücken, außerdem mußte der in der Mitte ständig nach ihnen packen, um sie vor dem Hinausfallen, direkt in den Rachen der wartenden Haifische, zu bewahren.

Ich weiß nicht, warum wir die Kälte in dieser Nacht noch nicht so spürten wie später; wahrscheinlich weil wir noch Nahrung in unseren Körpern hatten. Trotzdem schliefen wir nicht.

Am zweiten Tag ging die Sonne klar auf. Wir streckten uns, so gut wir das in unserer beengten Lage konnten, um unsere Betäubung abzuschütteln. Bei dieser Tätigkeit stellte sich aber ein riesiger Appetit ein – und wir hatten doch nichts zu essen! Unsere ganze Gruppe begann prüfend den Himmel abzusuchen: die jungen Burschen voller Zuversicht, Ricks 100 Dollar zu gewinnen. Cherry feuerte eine Leuchtpatrone ab, in der Hoffnung, sie könnte von einem der in der Morgendämmerung patrouillierenden Flugzeuge gesehen werden.

»Ich bin sicher, daß sie uns heute finden«, sagte Rick. »Sie müssen unsere SOS-Rufe gehört haben, und wenn sie uns hörten, dann hatten sie eine Kreuzpeilung unseres Kurses. Es ist nur eine Frage der Zeit. Die Flugzeuge werden gerade jetzt losfliegen, und die 100 Dollar sind immer noch zu gewinnen.«

Als die Sonne höher stieg, gab Rick uns einige gute Ratschläge. Zunächst mußten wir unsere Köpfe vor den direkten Sonnenstrahlen schützen. Diejenigen von uns, die keine Mützen oder Kappen hatten, nahmen ihre Unterwäsche dazu. Weiter riet er, daß wir uns so wenig wie möglich bewegten, um Kräfte zu sparen. Wir sprachen auch nur das Notwendigste, um das Austrocknen des Mundes zu verhindern.

Es war jetzt Frühstückszeit. Oberst Adamson betätigte sich als Küchenmeister und Kellner. Er nahm eine der vier kleinen Orangen und schälte sie. Jeder bekam ein kleines Stückchen. Abgesehen von dem guten Geschmack hatten wir nichts davon.

Wie wertvoll Ricks Ratschläge waren, wurde uns gegen 11 Uhr klar – als sich die Sonne dem Zenit näherte.

Wir befanden uns ja in den äquatorialen Gewässern, die Sonnenstrahlen trafen uns fast senkrecht, und wir fühlten sie wie flüssiges Metall.

Wir hatten unsere Unterhosen und Shorts als Sonnenschutz gebraucht. Jetzt feuchteten wir sie mit Seewasser an und legten sie auf den Kopf. Rick warnte uns davor, denn wir schwitzten natürlich und verloren dadurch wertvolles Körpersalz. So hielten wir die Kleidungsstücke hoch wie Sonnenschirme. Das Salzwasser tat uns im Augenblick gut, und wir fuhren fort, Kopf und Nacken anzufeuchten. Wir ahnten nicht, daß wir für dieses kurze Wohlbehagen später schwer büßen mußten.

Die Hitze war zwischen 11 und 4 Uhr nachmittags am schlimmsten. Der Wind drängte die Boote aneinander, und das führte zum ersten Temperamentsausbruch. Er war schon verständlich, die scharfen Aluminiumriemen konnten nämlich leicht die Luftkammer eines der Boote durchstoßen.

Die Scheltworte flogen hin und her, bis Cherry sagte: »Kameraden, nun haltet schon den Mund. Ich will mal sehen, ob ich nicht irgendwie helfen kann.«

Er zertrennte seine Unterhosen an der hinteren Naht und hißte sie als Segel, wobei er zwei Aluminiumriemen als Masten benutzte. Mit dem Rücken setzte er sich zum Bug und hielt so den Riemen aufrecht. Es war auch genug Wind, um das Boot vorwärts zu treiben und die andern ins Schlepptau zu nehmen.

»Das hast du gut gemacht, Bill«, sagte ich, »jetzt zeig einmal, ob du auch was gegen die Hitze machen kannst.« Seine Antwort will ich lieber nicht wiedergeben. – Als die schrecklichste Hitze vorüber war, saßen wir in einer Art Betäubung da. Aber die Abkühlung, die nun kam, war eine so große Hilfe, daß sie uns sogar den Hunger vergessen ließ. Nur das Verlangen nach Wasser wurde immer drängender.

Die Sonne fiel jetzt sehr schnell ins Meer. Sie kam mir in diesen Wochen oft wie ein Schlitten der Achterbahn vor. Morgens stieg sie mit großer Geschwindigkeit in den Himmel und erreichte ihren 11-Uhr-Siedepunkt fast, ehe wir es uns versahen – genauso wie der Achterbahnschlitten schnell aufwärtsgezogen wird.

Doch wenn sich dieser große kupferne Ball dem Zenit näherte, ging er immer langsamer, und, auf dem Höhepunkt angekommen, schien er überhaupt stillzustehen. Dann ging er wieder langsam abwärts bis 4 Uhr nachmittags – vorher war keine Linderung zu erwarten. Oft schien es, daß er in diesen Stunden überhaupt keine Eile entwickelte. Doch wenn er sich dann dem Horizont zuwandte, konnte man ihn direckt stürzen sehen. Bei seinem Verschwinden war es auch schon mit der Hilfe für uns aus, denn dann kam die frostige Nacht.

An diesem zweiten Abend unseres Umhertreibens bemerkte ich, daß Johnny Bartek in seinem Testament las. Irgend etwas – ich weiß nicht was – hielt mich davon ab, ihn zu necken. Es war beinahe wie eine Warnung, war aber auch merkwürdig tröstend. Alle sahen wir Johnny in seiner Bibel lesen: sein sommersprossiges Gesicht war feierlich darüber gebeugt, und in seinem roten Haar spielten die Sonnenstrahlen. Keiner hänselte ihn. Es ist möglich, daß wir schon eine Ahnung davon hatten, was dieses Büchlein noch für uns bedeuten sollte.

Das Neue Testament hatte Taschenformat, war braun eingebunden und durch einen Reißverschluß wasserdicht abzuschließen. Gerade diese Eigentümlichkeit bewahrte uns das Buch durch viele nasse Tage und Nächte. Es wäre gut, wenn jeder Soldat und jeder Seemann solch einen kleinen und unzerstörbaren Band bekommen würde. Tausende unserer jungen Leute haben Taschentestamente, aber die Kriegseinwirkungen machen sie oft unlesbar. Und es gab Zeiten in diesem Krieg, und sie wird es in jedem geben, wo unsere Jungen etwas nötig haben, was ihnen kein Mensch bieten kann.

Was für Tröstungen Johnny an diesem Abend auch erhalten haben mag, er hatte sie bitter nötig, als die Nacht kam. Mit dem Dunkelwerden kam ein scharfer Wind auf, die See war rauh und durchnäßte uns alle. Und es war kalt.

Das überraschte uns. Tagsüber waren Wind, See und Gischt zu warm. Jetzt froren wir und rückten zähneklappernd aneinander. Der Sturm war so heftig, daß wir in ernste Gefahr gerieten, zu kentern. Natürlich mitten unter die Haifische, denen weder Hitze noch Kälte etwas auszumachen schien und die schon ganz versessen auf uns waren.

Schlafen kam gar nicht in Betracht. Jimmy Reynolds schoß die Leuchtpatrone ab; es war ein Blindgänger. Das ärgerte und bedrückte uns. So legten wir uns nieder und versuchten, einer erbarmungslosen Nacht das Beste abzugewinnen. Trotz allem war in keinem von uns bis jetzt eine ernste Besorgnis aufgestiegen.

Am 23. Oktober – dem dritten Tag, den wir auf dem Wasser zubrachten – begrüßten wir freudig die aufgehende Sonne, obwohl wir wußten, daß sie uns bald bei lebendigem Leibe rösten würde. Unsere Haifische schienen sie ebenfalls zu begrüßen. Sie waren in bester Form. Während der ganzen drei Wochen gab es keine Stunde, in der nicht wenigstens eine dieser dreieckigen Flossen in der Nähe unserer Boote durch das Wasser schnitt.

Mit ihrem ungeschlachten Wesen waren es recht muntere Tiere. Sie waren verspielt wie Kälber auf der Weide. Wir nahmen an, es sei die Aussicht auf eine gute Mahlzeit, die sie so munter hielt. Die großen, 3 m langen Burschen hatten die unangenehme Gewohnheit, die Muscheln, die auf ihren Rücken saßen, am Kiel unserer Boote abzuscheuern. Sie fingen damit beim letzten Boot an und ließen keines aus.

Mit einem kurzen Satz schnellten sie vor, rollten sich unter das Boot, rieben ihre Rücken und gaben dem Boot noch einen vergnügten Klaps mit ihrem Schwanz, bevor sie es verließen. Wer gerade auf dem Zeltplanboden saß, erhielt einen Stoß, den er bis in die Zähne spürte.

Wir erwogen einmal, ein paar mit unseren Riemen zu erschlagen, kamen aber zu dem Schluß, daß das viele Blut im Wasser die anderen nur unnötig aufregen und veranlassen könnte, uns anzugreifen und umzuwerfen.

Es war eine flüchtige und ziemlich gleichgültige Diskussion, denn unsere Gedanken kreisten eigentlich um nichts anderes als um Essen und Trinken. Kam einmal ein anderes Gespräch auf, so kehrte es doch in kurzer Zeit wieder auf dieses Thema zurück. Oberst Adamson verteilte an diesem Tage unsere Orangenration mit zitternden Händen. Der arme Alex Kaczmarczyk schien völlig erschöpft zu sein. Wahrscheinlich hatte er das Lazarett zu schnell verlassen.

Gewiß, keiner von uns fühlte sich besonders wohl. Wir waren rot und verbrannt von der Sonne, trotz unserer Bemühungen, unsere Haut zu schützen. Zum Teil war der reflektierende Glanz des Wassers daran schuld, aber auch der sengende Wind tat das Seine dazu. Außerdem begann das Salz, das durch Wasserspritzer auf unseren Körper gekommen war, uns zu peinigen.

In unserem geschwächten Zustand spürten wir an diesem Tage die Sonnenhitze stärker als an den vorhergehenden. Wir saßen mit gesenkten Augenlidern und brieten von ½11 Uhr vormittags bis 4 Uhr nachmittags, dann fielen wir bis zum Sonnenuntergang in einen Zustand der Betäubung.

Ich erinnere mich dieses Sonnenuntergangs ganz besonders, weil das Spiel der Farben so bezaubernd war; als Gemälde hätte man es einfach nicht für möglich gehalten. Aber Sonnenuntergänge kann man weder essen noch trinken, so herrlich sie auch sein mögen. Mir fiel ein Dichterwort ein:

»Er trank den Sonnenuntergang.«

Ich hätte gerne gewußt, wie er wohl schmecken würde. Das Rote könnte Erdbeeren vorstellen, das Gelbe vielleicht Zitronen – oder Grapefruit. Ich entschied mich für Zitronen. Orange – nun das war ja klar: das waren Orangen. Und Purpur – das waren entweder Trauben oder Himbeeren. Wenn ich jedoch schon einen Sonnenuntergang trinken sollte, dann müßte ich auch Mengen von Eis dazu haben. Und schon kam der zweite Gedanke: Wenn mir jetzt irgend jemand ein paar Würfel Eis geben würde, könnte er den ganzen Sonnenuntergang dafür haben.

In Abständen fanden wir in dieser Nacht etwas Schlaf. Ich sage Schlaf, meine aber wohl mehr Betäubung – so groß war unsere Erschöpfung.

Der vierte Tag machte unseren Hunger qualvoll. Die Fischangeln, die Bartek und De Angelis noch mitgebracht hatten, waren nutzlos, weil wir keinen Köder hatten. Kein Fisch würde auf den leeren Haken anbeißen!

Diese Angeln waren alles, was uns von unserer Dschungelausrüstung geblieben war. Alle Bomber dieses Abschnittes führen eine solche Ausrüstung mit sich, fest vernäht in einen Sack aus Fallschirmstoff. Jeder Sack soll enthalten: Taschenlampe, Dschungelmesser, Angelleine und Haken, Biskuit und Schokolade. Mechaniker und andere Leute, die sich auf den Flugplätzen herumtreiben, stehlen sie jedoch oftmals. Ich wünschte: wer immer unser Notgepäck genommen hatte, möchte einige Tage so hungrig sein, wie wir es jetzt waren.

Als wir uns gestreckt hatten, begann Oberst Adamson unsere vorletzte Orange zu verteilen. Diese winzigen Scheiben nützten uns nichts, aber sie feuchteten unseren Mund an, und wir erwarteten immer sehnsüchtig unseren Anteil.

Als ich mir vorstellte, daß wir morgen das letzte Scheibchen essen würden, kam mir zum erstenmal der Gedanke, daß unsere Lage verzweifelt werden könnte. Wir hatten keine Spur eines Schiffes oder eines Flugzeuges entdeckt. Dies bewies, daß wir buchstäblich Hunderte von Meilen von der nächsten amerikanischen Militärbasis entfernt sein mußten, denn auf der Suche nach japanischen U-Booten oder Überwasserstreitkräften flogen unsere Aufklärungsflugzeuge gewaltige Strecken ab. Unsere jüngsten Kameraden hielten immer noch Ausschau nach ihnen, täglich voll neuer Hoffnung.

Rick und Cherry schienen undurchdringlich. Mir war ganz unbehaglich zumute. Oberst Adamson schien alle Hoffnung verloren zu haben, behielt aber seine Gedanken für sich. Alex war in dieser Zeit schon zu krank, um sich Sorgen machen zu können. Hin und wieder wurde gefragt, ob Cherrys Unterhosensegel uns wohl zu einer Insel bringen würde. Mir war das zweifelhaft – jedenfalls nicht so bald. Wir kamen doch nur sehr langsam vorwärts. Außerdem hatten wir beim Abfliegen des Quadrates kein Land in diesem Gebiet feststellen können. Auf Grund der Geschwindigkeit und der Weite, die wir von allen vier Seiten überblikken konnten, schätzte ich dieses Gebiet auf 165 Meilen im Quadrat.

Meine Gedanken wurden unterbrochen durch eins der seltsamsten Gespräche, an dem ich mich je beteiligt habe. Bill Cherry hatte einen Angelhaken mit einem

Stück Orangenschale als Köder versehen, aber auch daran waren Fische nicht interessiert.

»Was meint ihr«, fragte er, »ob man vielleicht abgeschnittene Fingernägel oder etwas Ähnliches als Köder verwenden könnte?«

Johnny Bartek ging darauf ein und erwiderte:

»Nein, das einzige, was wir als Köder verwenden können, ist unser eigenes Fleisch.« Das war eine aufregende Möglichkeit.

»Was würden Sie denn zum Beispiel nehmen?« fragte ich.

»Ein Ohrläppchen«, antwortete er prompt. »Sie können es zu nichts gebrauchen und würden es kaum vermissen.«

»Wie wäre es mit dem Ballen des kleinen Fingers?« schlug ich vor. »Ein schneller Schnitt tut nicht weh, und die Gefahr der Infektion ist nur gering.«

»Ich meine, ein Stück vom Zeh würde es auch tun«, warf Jimmy Reynolds ein, »und das hat den Vorteil, daß man es später nicht sieht.«

Es war uns tödlicher Ernst, so grotesk sich dieses Gespräch jetzt auch anhören mag. Wir wurden immer schwächer und erkannten klar, daß wir etwas Nahrhaftes haben mußten. Irgend jemand fragte Rick um seine Ansicht.

»Wenn es notwendig werden sollte, müßte man Fleisch als Köder nehmen«, sagte er, machte aber keinen Vorschlag, in welcher Form diese Schlächterei vorgenommen werden sollte. Wann und ob wir mit einer Selbstverstümmelung für einen Köder begonnen hätten, kann ich nicht sagen, es ist auch nicht nötig, denn es trat eine aufregende Unterbrechung ein.

Einen Augenblick vorher war es in der Luft über uns noch still gewesen, jetzt war lautes Flügelschlagen zu hören. Und plötzlich, als ob es das Natürlichste von der Welt sei, ließ sich eine Schwalbe auf Ricks Kopf nieder.

Wir hielten unseren Atem an.

Der Vogel, etwa halb so groß wie eine Möwe, schaute neugierig von einem zum andern – was da wohl los sein möchte. Rick bewegte seine Hand langsam nach oben. Er rieb sein Kinn, er streichelte seine Nase, er scheuerte seine Augenbrauen – dann, mit einem schnellen Zugriff hatte er den Vogel gefangen.

Rick zerlegte ihn. Ich bekam einen Fuß, und ich will es gleich sagen: Ich müßte am Verhungern sein, ehe ich noch einmal von einer Seeschwalbe esse. Das Fleisch schmeckt nicht nur widerlich, es ist auch zäh wie Eisendraht. Aber Seeschwalbeneingeweide geben einen ausgezeichneten Köder.

Wir warfen die Angel aus; ich benutzte als Senkblei meinen Ring. Binnen einer Minute konnte ich einen Fisch von etwa Handgröße einziehen. Während ich ihn vom Haken löste, fing ein anderer einen ebenso großen.

Wir ruderten unsere Boote zusammen und übergaben unsern Fang dem Oberst. Nie ist ein Mann so genau beobachtet worden wie Adamson, als er jetzt die Fische mit seinem Dolch zerlegte. Jeder erhielt ein Stück so ungefähr in der Größe, wie sie in unseren besseren Restaurants serviert werden. Allerdings hatten wir keine 1,75 Dollar für unsere Portion zu zahlen. Von einer kräftigenden Wirkung der Mahlzeit konnte ich jedoch nichts verspüren, nur durstiger war ich geworden.

Mein Durst wuchs, je mehr die Sonne sich dem Zenit näherte. Im Laufe des Nachmittags wurde meine Gier nach Wasser einfach unerträglich. Als die Hitze nachließ, konnte ich sie für eine Weile vergessen, das heißt, bis zum Sonnenuntergang. Da kreisten meine Gedanken wieder um Erdbeeren, Orangen, Himbeeren, Zitronen und Trauben und Eis, Eis, nichts als Eis. Gerade, als ich sie etwas hatte verscheuchen können, schoß Cherry die abendliche Leuchtpatrone ab. Ihr rötlicher Glanz brachte mich wieder auf Erdbeeren.

Die Nacht war kalt und unbehaglich. Wir hatten Wasser auszuschöpfen, weil uns die unruhige See Wellen ins Boot warf. Ich war froh, als die Sonne aufging, obwohl ich genau wußte, daß ich sie in wenigen Stunden verfluchen würde. Im Zwielicht schoß Cherry wieder seine Leuchtpatrone ab; es war ein Blindgänger. Ich war fast glücklich darüber, der rote Schein würde nur wieder meine Gier geweckt haben. Doch zu spät, die Gedanken an Erdbeersaft waren schon wieder da.

Als wir so elend und gedrückt dasaßen, trieb eine schlecht beratene Schar von Elritzen vorüber, besser gesagt, einige aus der Schar trieben vorüber. Wir fingen so viel, um jeden mit drei 6 cm langen durchsichtigen Fischen versorgen zu können. Es war das erste Mal, daß ich ein lebendes Hors d'œuvre aß. Was fehlte, war einzig die darauf folgende Hauptmahlzeit.

Die anderen werden so ziemlich dasselbe gedacht haben, denn das Gespräch begann sich wieder ums Essen zu drehen und machte uns beinahe verrückt. Bill Cherry erklärte, wenn wir gerettet wären, würde er uns in das feinste Lokal von San Franzisko einladen.

Er spielte Kellner, tat so, als habe er Block und Bleistift in der Hand, und nahm Bestellungen auf. Die meisten von uns verlangten zuerst ein Dutzend der verschiedensten eisgekühlten Fruchtsäfte: Ananas, Orangen, Grapefruit, Äpfel, Tomaten und so weiter. Danach wurden die Wünsche nach Eis angemeldet. Aus unerfindlichen Gründen wollte jeder Erdbeereis haben.

Darauf folgten Wünsche nach Rostbraten, Schnitzel, Geflügel und kalten Fleischplatten. Und geliertes Fleisch in Mengen – eiskalt – und natürlich Zitronensaft dazu. Kein einziger wollte Fisch. Schließlich brüllte ich, daß ich dem nächsten, der noch von Essen spräche, den Schädel einschlagen würde. Das gab für einige Zeit Ruhe.

Ich glaube, es war Johnny Bartek, der wieder von diesem Thema anfing. In New Jersey hatten ihm die Klopse nicht geschmeckt. So waren wir glücklich wieder drin. Da unser voriges Menü sehr sorgfältig zusammengestellt war, entschieden wir uns jetzt für gemalzte Milch, gemalzte Erdbeeren und für alle möglichen Aromen. Das war reine Phantasie, weil kaum einer von uns, außer gemalzter Schokolade, je so etwas getrunken hatte. Aber die Gier nach diesen besonderen Getränken und Aromen blieb uns die ganzen nächsten Tage quälerisch treu.

Schließlich bemerkte Bill Cherry in seiner breiten Texas-Aussprache, daß er all das Essen, das wir zusammengeträumt hatten, nehmen und gegen einen großen Krug kalten Wassers, in dem Eisstücke schwammen, eintauschen würde. Wir brüllten ihn alle an, er solle den Mund halten.

Während dieses Gespräches lagen die Boote in einer Linie, langsam vorwärtsgetrieben durch Cherrys Unterhosensegel. Uns allen war ziemlich flau. Schließlich nahm Bartek sein Testament, und mit allgemeiner Zustimmung ruderten wir die Boote zusammen, um ein Gebet zu sprechen. Wir beteten das Vaterunser, das heißt genauer gesagt, die anderen beteten das Vaterunser. Ich wußte nur hier und da ein Wort.

In meinen Jugendjahren war ich im Elternhaus in Religion und in der Bibel unterwiesen worden, aber später hatte ich das alles vergessen. Jetzt, in diesem kümmerlichen Boot ging eine merkbare Veränderung mit mir vor, auch im Hinblick auf jenen gefährlichen Augenblick bei der Wasserung unseres Flugzeugs, als De Angelis uns zu beten mahnte.

Ich hatte nicht die geringste Zuversicht, daß diese »Halleluja-Versammlung« unter freiem Himmel uns irgendwie helfen könnte, doch störte sie mich auch nicht sonderlich. Ich fand mich mit ihr ab und meinte, daß sie auf keinen Fall schaden würde. Im Gegenteil, für die Moral konnte sie nur gut sein. Es schien mir, als ob Rick den Vorschlag unterstützte und als ob er geneigt wäre, daran teilzunehmen.

Oberst Adamson las aus dem Neuen Testament. Plötzlich unterbrach ihn Cherry:

»Was lasen Sie da zuletzt, Oberst?« fragte er. »Woraus ist es?«

»Es ist aus dem Matthäus-Evangelium«, erwiderte Oberst Adamson, »gefällt es Ihnen?«

»Es ist das Beste, was ich je gehört habe, lesen Sie es noch einmal, Oberst.«

Und Oberst Adamson las aus dem 6. Kapitel des Matthäus-Evangeliums vom 31. bis zum 34. Vers:

»Darum sollt ihr nicht sorgen und sagen: Was werden wir essen, was werden wir trinken, womit werden wir uns kleiden? Nach solchem allen trachten die Heiden. Denn euer himmlischer Vater weiß, daß ihr des alles bedürfet. Trachtet am ersten nach dem Reich Gottes und nach seiner Gerechtigkeit, so wird euch solches alles zufallen. Darum sorget nicht für den anderen Morgen, denn der morgende Tag wird für das Seine sorgen. Es ist genug, daß ein jeglicher Tag seine eigene Plage habe.«

Ich war irgendwie beeindruckt und sagte das auch. Doch, überrascht über mich selbst, fügte ich hinzu, daß zwei oder drei Tage unserer üblen Lage gewiß genügt hätten.

Cherry meinte aber, daß in diesen Versen das »Morgen« sicher nicht wörtlich zu nehmen sei, es bedeute eben »bald«. In der darauffolgenden nassen, trübseligen Nacht dachte ich über diese Worte nach und entschloß mich, daß ich erst glauben würde, wenn wir zu essen und zu trinken hätten. Schon in der nächsten Nacht sollte ich etwas derartig Unerwartetes erleben, daß es fast einem Wunder gleichkam.

Siebtes Kapitel

Als der Kupferball der Sonne am sechsten Tag unseres Dahintreibens zum Himmel stieg, hatten wir wohl alle den Ernst unserer Lage erkannt. Vor etwa 120 Stunden war unsere Fliegende Festung in den Wogen versunken.

In dieser Zeit hatten wir nichts anderes gegessen als drei Elritzen, einen Bissen rohen Fischs und ein kleines Stückchen von einer Seeschwalbe. Unseren Mund hatten wir mit drei Orangenscheiben anfeuchten können. Sollte einer, der dies liest, diese Diät einmal versuchen, dann wird er wissen, daß das eine sehr unzureichende Ernährung ist. Seit dem Verlassen des Flugzeugs hatten wir kein Wasser getrunken.

Als wir die Boote zusammenruderten, um unsere morgendliche Bibellesung zu halten, sah ich mir meine Gefährten genauer an. Sie alle sahen abgehärmt aus, und ich sicherlich nicht minder. Alex schien mir ein bißchen besser auszuschauen. Oberst Adamson wirkte wie ein Mann, der sich in das Unvermeidliche ergeben hat.

Ich erfuhr erst später, daß die Lage des Obersten viel schlimmer war als die unsere. Er hatte ein Leiden, für das er täglich eine Einspritzung gebraucht hätte, für die er natürlich jetzt nichts bei sich hatte.

Zum Schluß unserer Bibellesung verteilte Oberst Adamson die letzte unserer vier Orangen. Wegen des Elritzenfanges hatten wir den Tag vorher keine verteilt. Wieder feuchteten wir unsere Kehlen damit an, und wieder verstärkte der scharfe Saft unseren Durst.

Der Wassermangel machte sich bei mir jedoch nicht so sehr im Durst wie in der Trockenheit fühlbar. Alle Feuchtigkeit schien bis zum letzten Tropfen aus mir herausgepreßt zu sein. Die nassen Umschläge um Kopf und Nacken halfen wohl, aber nach ein oder zwei Tagen peinigte und brannte das angetrocknete Salz den Körper um so mehr. Ich hatte den Wunsch, nicht nur Wasser zu trinken, sondern mich darin zu wälzen. Allein durch meine Poren hätte ich es literweise aufsaugen können.

Jeder von uns wußte nun, daß wir uns außerhalb des Bereichs der festgelegten Schiffs- oder Flugzeuglinien befanden. Wir waren in eines dieser verwünschten Löcher im Pazifik geraten, in denen sich jahrelang weder Schiff noch Flugzeug sehen läßt. Die Hoffnung, die mir bei unserer gestrigen Abendandacht gekommen war, war entschwunden und hatte dem Platz gemacht, was ich »harte Wirklichkeit« zu nennen pflegte.

Die Boote lagen in Linie, und wir warteten auf das tägliche Sonnenbraten. Diese Tage erbarmungsloser Hitze, frostiger Nächte, diese Tage voll Durst und Hunger und Haifischen wären in meinem Gedächtnis hoffnungslos durcheinandergeraten, wenn ich nicht Tagebuch geführt hätte. Abgesehen von sechs Tagen unseres Umherstreifens, schrieb ich täglich darin.

Fast jede Nacht sogen sich seine Seiten voll von dem Sprühregen des Gischts, und fast jeden Tag trocknete ich sie in der sengenden Sonne. Wenn ich jetzt die Eintragungen lese, wandern meine Gedanken zurück zu jenen Tagen. Unser sechster Tag war nicht viel anders als die vorhergehenden – nur daß er der schlimmste war.

Als die Kühle des Abends endlich einsetzte, dauerte es noch eine ganze Weile, ehe wir uns aufraffen konnten, um unsere Boote zu vereinen und unsere Gebetsstunde zu halten. Als Oberst Adamson aus Barteks Testament zu lesen anfing, schien es mir doch lächerlich, daß erfahrene Männer und hartgesottene Sünder, wie wir es waren – und einige von uns waren mehr als hartgesotten –, erwarten konnten, daß eine murmelnde Stimme in dieser Wasserwüste Hilfe für uns herbeirufen könnte.

Wie dem auch sei, ich beteiligte mich nur still an den Gebeten. Doch stellte ich fest, daß ich das Vaterunser zu lernen begann. Ich konnte mit den anderen anfangen und schon die beiden ersten Zeilen mitsprechen. Und beim Amen fiel ich natürlich wieder ein. Dann konnte jeder von uns noch ein persönliches Gebet, hauptsächlich um Nahrung, anschließen; aber auch daran beteiligte ich mich nur still.

Cherry wiederholte seine Lieblingsstelle um Essen und Trinken »für den morgenden Tag«. Immer morgen, dachte ich bitter. Was ist das? – Ein Katz- und Mausspiel. Aber wir näherten uns schon einem Erlebnis, das mich doch sehr nachdenklich machte.

Cherry beendete seine Verse aus dem Matthäus-Evangelium, aber er sprach weiter. Ich bemerkte etwas erstaunt, daß er betete. Er sprach den Herrn mit »alter Meister« an. Er sagte die Worte mit Ehrfurcht und Ehrerbietung, einfach und direkt. Er war offenbar von tiefstem Ernst erfüllt:

»Alter Meister, wir wissen, diese Verse sind keine Gewähr, daß wir morgen früh wirklich Essen bekommen. Aber du weißt, wir sind in einer schlimmen Lage. Wir wollen schon noch etwas zugeben zu dem ›Morgen‹, aber laß es wenigstens übermorgen sein. Sieh zu, was du für uns tun kannst, alter Meister.«

Auf diese Art kamen wir alle mit Gott ins Gespräch; geradeso, als wenn wir zu irgend jemandem sprächen, den wir achten und von dem wir dringend etwas erbitten wollten. Wir machten es einfach. Da gab es keine frömmelnden Phrasen, keine Ziererei, aber auch nichts Unehrerbietiges. Wenn es brennt, nennen Männer die Dinge beim rechten Namen.

Cherry beendete sein Gespräch mit Gott. Dann feuerte er unsere abendliche Leuchtpatrone ab, in der Hoffnung, daß irgend etwas geschehen würde. Und es geschah etwas! Obwohl es keiner von uns hätte voraussehen können.

Die Zündung der Leuchtpatrone war fehlerhaft; die feurige Kugel stieg etwa 15 m hoch und fiel herunter, gerade zwischen die Boote. Sie zischte im Zickzack-Kurs über das Wasser und erstrahlte in blendendem Rot. Die Berührung mit der Luftkammer eines unserer Boote hätte für die Insassen das Ende bedeutet. Das blendende Licht erhellte den Ozean auf Hunderte von Metern; bis in die Tiefe konnten wir sehen und beobachten, wie einige Barracudas* mit einer ganzen Schar von Fischen, die durch den Glanz des Lichtes angezogen wurden, aufräumten.

Zwei prächtige Musterexemplare, verfolgt von den Barracudas, sprangen aus dem Wasser und plumpsten in unser Boot. Wir hatten gerade noch Zeit, nach ihnen zu greifen, als die Leuchtkugel aufzischte und verlöschte. Der Mond ging auf und warf sein geisterhaftes Licht auf den Ozean. Die Fische wurden zum Frühstück bestimmt. Ich aber konnte lange nicht einschlafen, weil ich an dieser Sache herumrätseln mußte.

* Barracudas: im Pazifik lebende hechtartige Raubfische.

Diesmal war es Rick, der am nächsten, am siebenten Morgen, die Fische zerlegte und verteilte. Sie waren feucht und dampften in unserer ausgedörrten Kehle. Schon in normalen Zeiten macht ein Fisch so viel Durst, daß man einen ganzen Liter Wasser austrinken möchte. Wir hatten aber nicht einen Tropfen.

Unsere Gemütsverfassung wurde immer trostloser. Oberst Adamson schien es in dieser Hinsicht am schlechtesten zu gehen, schlechter noch als Alex. Ich sah, wie Rick ihn scharf beobachtete. Einmal schien es mir, als wolle er ihn anreden, aber er ließ es dann doch bleiben.

Der Oberst saß, den Kopf gebeugt, in einer Art Betäubung. Nachmittags, als die Hitze am schlimmsten war, neigte er sich plötzlich über den Rand des Bootes und ließ sich ins Wasser fallen.

Aber schnell wie ein Blitz packte ihn Rick. Wir eilten, die Boote zusammenzurudern, und halfen, den Oberst wieder ins Boot zu ziehen.

Er wollte uns was Gutes tun. Er dachte, wenn er aus dem Wege wäre, würden wir anderen besser durchkommen. Dieses Ereignis brachte uns aber völlig durcheinander.

Wieder war es Rick, der Ordnung schaffte. Ich will nicht wiedergeben, was er alles sagte, das Papier würde rot darüber werden! Aber wehe dem Mann, der hätte aufgeben wollen oder durch seine Haltung die Moral untergraben hätte. Dieser Rick hatte wirklich eine scharfe Zunge, und er nahm kein Blatt vor den Mund!

Der Nachmittag dieses siebenten Tages wollte kein Ende nehmen. Eintönig hoben und senkten sich die

Wellen, und die Sonne schien sengend auf das Wasser – das doch so kühl und verlockend dalag. Auch die Haifische um uns sahen glatt, kühl und glücklich aus. Haifische können Salzwasser trinken, warum können wir es nicht?

Es war unvermeidlich, daß dann und wann jemand einen Spritzer in seinen Mund bekam. Die paar Tropfen Seewasser, die auf diese Weise unsere Lippen berührten, schmeckten bitter und salzig. In unseren Gesichtern hinterließen die Spritzer Salzkristalle, die uns juckten und brannten und uns tüchtig zu schaffen machten.

Als die Sonnenstrahlen fast waagerecht fielen und unsere Schatten sich lang über das Wasser nach Osten legten, kamen wir zum Gebet zusammen. Wenn man so langsam verhungert, verliert man das Verlangen nach Essen. Daß uns Nahrung fehlte, merkten wir eigentlich nur noch an unserer heimtückisch wachsenden Schwäche. Bei einem Verdurstenden läßt das heftige Verlangen nach Wasser aber nie nach. Die letzten Augenblicke, ehe er das Bewußtsein verliert, müssen die qualvollsten sein.

So beteten wir denn an diesem Abend mehr um Wasser als um Essen. Außer in den Versen des Matthäus-Evangeliums wurde das Essen überhaupt nicht mehr erwähnt. Wir waren so völlig erledigt, daß wir nicht einmal mehr eine Leuchtpatrone abschießen konnten, ehe wir uns für eine nasse und erbärmliche Nacht einrichteten.

Es ist wenig über den achten Vor- und Nachmittag zu erzählen. Mein Tagebuch enthält über den ersten

Teil des Tages – des 28. Oktober – hauptsächlich meine eigenen Gedanken, und diese müssen ziemlich durcheinander gewesen sein. Ich notierte, daß der Tag brütend heiß war, und das bedeutete, daß alles beim alten war.

Ein großer Sonnenball ging feurig auf, um geschäftig sein Werk fortzusetzen, uns mit einer hübschen, knusprigen Kruste zu versehen. (Wir waren bereits um und um gebräunt.) Bärtige Gesichter erhoben sich zum Himmel in der vergeblichen Hoffnung, ein Flugzeug zu entdecken. Wässerige triefende Augen erforschten den Horizont, mit derselben vergeblichen Hoffnung, ein Schiff zu sehen.

10 Uhr: Die Siedehitze steigert sich zur Backofenglut. Mittags bis 5 Uhr: stupide Betäubung. Dann ein allmähliches Wiederfinden unserer Sinne und damit des Bewußtseins unseres Elends, unserer Schmerzen und unseres Durstes.

Dennoch werden die Ereignisse dieses Spätnachmittags nie aus meinem Gedächtnis verschwinden. Unsere Gebetsstunde nahte, und wie üblich zogen wir die Boote längsseits eins neben das andere.

Ich war dieses Mal mehr mit dem Herzen dabei als sonst. Es kann sein, daß mich die schreckliche Not dazu trieb, es kann aber auch sein, daß ich immer mehr davon überzeugt war, daß Menschenkräfte nicht mehr ausreichten, um uns zu retten. Ich weiß es nicht mehr.

Ich stellte fest, daß ich schon das halbe Vaterunser hersagen konnte, ohne hinter den anderen nachzuhinken:

> »Vater unser, der du bist im Himmel,
> geheiliget werde dein Name ...«

Johnny Barteks Stimme übertönte jugendfrisch und klar das Gemurmel des Obersten und die gedehnte, südwestliche Sprechweise Bill Cherrys:

»Dein Reich komme,
dein Wille geschehe
wie im Himmel, also auch auf Erden ...«

Ich konnte meine eigene Stimme murmeln hören, manchmal auch noch, wenn die anderen schon eine Pause machten:

»Unser täglich Brot gib uns heute,
und vergib uns unsre Schuld,
wie auch wir vergeben unsern Schuldigern ...«

Hier wußte ich nicht mehr weiter, während die anderen fortfuhren. Aus dem kleinen Boot hörte man De Angelis' Stimme ganz klar, während von Alex mehr ein Flüstern zu vernehmen war. Jimmy Reynolds saß neben mir, sein Haupt gebeugt. Er sprach deutlich, aber recht leise. Rick sprach seine Worte dagegen, obwohl in ehrfürchtigem Tone, mit machtvoller und gut vernehmbarer Stimme:

»Und führe uns nicht in Versuchung,
sondern erlöse uns von dem Übel.
Denn dein ist das Reich, und die Kraft,
und die Herrlichkeit, in Ewigkeit ...«

Beim »Amen« konnte ich mich nun wie gewöhnlich wieder beteiligen. Als wir das Vaterunser beendet hatten, richtete Cherry in seiner gewohnten Art noch ein persönliches Gebet an den Herrn:

»Alter Meister, wir riefen zu dir um Essen, und du gabst es uns. Wir bitten dich jetzt um Wasser. Wir haben getan, was wir konnten. Jetzt ist es an dir, uns zu helfen, und zwar recht bald, meinst du nicht auch? Du solltest nun wieder etwas für uns tun, alter Meister!«

Obwohl dieses Gebet ziemlich ungewöhnlich klingt, bin ich jetzt doch der Ansicht, daß es alles hat, was ein Gebet haben soll. Es richtet eine Bitte an Gott und drückt doch gleichzeitig Ergebung in seinen Willen aus. Und endlich, es schließt den Glauben – das feste Vertrauen – ein, daß Gott die Bitte erhören wird.

Wir sprachen das Vaterunser noch einmal. Cherry hißte sein Unterhosensegel, und die Boote gingen wieder in Linie.

Als wir so von Woge zu Woge rollten und schaukelten, dachte ich, daß Gott jetzt Gelegenheit hätte, aus Jim Whittaker einen Gläubigen zu machen. Wenn es wirklich einen Gott gab, und er könnte ein Gebet wie dieses unbeantwortet lassen, dann müßte er ein ganz herzloses Wesen sein. Meine Gedanken kreisten eine Zeitlang in dieser Richtung, ich weiß allerdings nicht, wie lange. Ich weiß nur, daß plötzlich irgend etwas da war, das hartnäckig in mein Bewußtsein eindringen wollte. Ich schaute zufällig nach links hinüber. Eine Wolke, die vor einiger Zeit weiß und flockig gewesen war, wurde jetzt zusehends dunkler.

Während ich das noch beobachtete, senkte sich ein bläulicher Schleier von der Wolke herab auf die See. Es war Regen – er kam auf uns zu! Wir sahen jetzt alle, wie sich das Wasser ergoß, über den Ozean dahinfegte und die Wellen mit großen Tropfen sprenkelte.

»Da ist er!« brüllte Cherry. »Danke schön, alter Meister!« Noch eine Minute, und wir wurden umspült von

Strömen kühlen Wassers. Es platschte uns in unseren ausgedörrten Mund und spülte uns die Salzkruste von den verbrannten und gepeinigten Körpern. Wir formten unsere Hände zu Schalen und ließen lebenspendende Bäche durch unsere Kehlen rinnen.

Wir dachten nur an den Augenblick und an die gesegnete Hilfe, die wir erhielten. Aber plötzlich fielen uns die Tage ein, die noch vor uns liegen könnten und die uns die gleichen Entbehrungen bringen würden, die jetzt gerade beendet waren. Wir sahen uns nach Möglichkeiten um, um Wasser aufzuspeichern.

Die einzigen sofort greifbaren Behälter waren unsere Schwimmwesten. Da die Verschlußkappen ziemlich klein waren, kamen wir auf folgende Idee: Wir ließen unsere Hemden ganz voll Wasser ziehen und wrangen sie dann aus, bis alles Salz heraus war. Darauf ließen wir sie sich aufs neue vollsaugen und drückten das Wasser heraus und hinein in unseren Mund. Von dort konnten wir es dann leicht in unsere Schwimmwesten befördern, deren Klappen wir verschlossen.

Nicht ganz so hygienisch, wie es sein sollte? Aber wir dachten nicht an so etwas; mir jedenfalls kam das erst Wochen später zum Bewußtsein.

Der Regen rauschte fast eine Stunde herab, er gab unseren Körpern Erquickung und stillte unseren Durst. Dann aber, als ob uns der Herr daran erinnern wollte, daß er sowohl nehmen wie auch geben kann, kam eine riesige Sturzwelle auf uns zu und brachte unser Boot zum Kentern. Wir verloren unsere restlichen vier Leuchtpatronen und alle drei Leuchtpistolen.

Das einzige, was wir retteten, war eine leere Patronenhülse und Cherrys Schwimmweste, die glücklicherweise kein Salzwasser aufgenommen hatte. Unser Schatz von mehr als einem Liter frischen Wassers war gerettet.

Achtes Kapitel

Glaube ist ein zartes und schwer zu fassendes Gebilde. Es wird nur allzu leicht zerstört oder geht verloren.

Als die Sonne am neunten Tage unseres Umhertreibens aufging, war der größte Teil von uns der Ansicht, daß wir in unseren Booten im endlosen Pazifik sterben würden. Und das nach dem lebenrettenden Regen des Abends vorher, den ich als wirklich überzeugende Antwort auf unser Gebet hingenommen hatte!

Ich war am Abend dieses Tages kräftiger und viel hoffnungsfreudiger als sonst. Auch Rick beteiligte sich nicht an diesem allgemeinen Trübsalblasen. Rick und ich waren die ältesten unserer Gemeinschaft, und wir hatten schon in mancher Klemme gesessen. Diese sollte gewiß noch nicht die letzte sein. Mich beruhigte auch, daß Eddie Rickenbacker bei uns war, denn er ist ja »der Mann, dem nie etwas passiert«. Wenn er davonkommt, so dachte ich, dann komme ich auch davon.

Wir begannen den Tag mit einem kleinen Schluck Wasser, den Bill Cherry austeilte. Jeder bekam ein wenig in die Leuchtpatronenhülse gegossen, etwa 4 cm hoch – sehr wenig. Und dann versorgte uns der Herr während des Morgens noch auf besondere Weise mit Essen.

In unserer Haifischbegleitung war ein kleiner Bursche, vielleicht 60 cm lang. Er tummelte sich um unser Boot herum, während sich die großen Haie wie gewöhnlich ihre Muscheln abscheuerten.

Cherry hänselte den kleinen Kerl mit einer Angelleine ohne Köder. Er muß jung, unerfahren und neugierig gewesen sein, denn zu unserer Überraschung schnappte er nach dem Haken und biß sich fest. Cherry holte ihn ein, versetzte ihm einen Stich mit seinem Dolchmesser und warf ihn ins Boot.

Jetzt begann ein aufregender Kampf. Der kleine Teufel sprang, schlug um sich und wippte mit dem Schwanz. Die Enge wurde reichlich ungemütlich.

Wenn drei Mann in einem dieser Rettungsboote sitzen, bleibt wenig Platz für einen verwundeten und wütenden 60 cm langen Haifisch.

Schließlich bekam Cherry ein Bein auf den Hai und stieß ihm sein Messer in den Schädel. Die Schlacht war vorüber, aber die Klinge war durch den Fisch hindurchgegangen und hatte die Zeltbahn auf dem Boden des Bootes durchbohrt. Ein Wasserstrahl schoß hoch empor.

Cherry stopfte das Loch mit dem Finger zu, bis uns einfiel, daß wir vielleicht eine Patrone unserer 45-mm-Pistolen, die bisher für uns ohne Nutzen gewesen waren, verwenden konnten. Sie paßte genau und erfüllte wenigstens für einige Zeit ganz ausgezeichnet diesen Zweck.

Inzwischen reichten wir den erlegten Haifisch Oberst Adamson hinüber, damit er ihn schlachte und einteile. Die Stücke, die wir erhielten, waren natürlich roh und schmeckten widerlich; aber wir bildeten uns ein, daß wir uns nach dem Essen besser fühlten. Wie ich schon sagte, empfanden wir den Hunger kaum noch. Nur unser Durst wurde durch den Fisch wieder größer, und wir waren froh, daß wir gleich unsere nächste Wasserration in der Patronenhülse erhielten; froh vor allem deshalb, weil wir dadurch den schlechten Geschmack los wurden.

Die wenigsten wissen, was der Mensch tatsächlich aushalten kann. Glücklicherweise sind es auch nicht viele, die das einmal ausprobieren müssen. Ärzte haben mir später gesagt, daß ein paar Bissen Essen und ein wenig Wasser das Leben eines Verhungernden für Tage verlängern können. So kann es schon sein, daß die Orangen, der Fisch, die Elritzen und der Hai gerade so viel hergaben, wie wir nötig hatten. Alles, was wir in dieser Zeit zu uns genommen hatten, ließe sich bequem in einer gewöhnlichen Kaffeetasse unterbringen.

Nach der Gluthitze des neunten Tages beteiligte ich mich bewußt an den Gebeten. Ich hatte mir vorgenommen: Ich wollte glauben. In aller Aufrichtigkeit muß ich jedoch bekennen, daß noch allerlei meines alten und falschen Stolzes vorhanden war, der mich denken ließ: Na, warte erst mal ab, was daraus wird.

Mir schien, als ob die Kameraden in dieser Nacht unruhiger waren und weniger Schlaf fanden als sonst. Und das stimmte. Eine neue Plage war über uns gekommen.

Die aufgehende Sonne des zehnten Tages zeigte uns, daß alle Männer, mit Ausnahme von mir, der furchtbaren Geißel der Salzwassergeschwüre zum Opfer gefallen waren. Das Salz aus den Gischtspritzern hatte erst die Haut entzündet, dann Risse verursacht und schließlich einen Ausschlag hervorgerufen.

Er zeigte sich vor allem an Beinen und Hüften, den Körperteilen also, die am meisten dem Salzwasser ausgesetzt waren. Durch das Scheuern an den Wänden der Boote waren sie wund geworden und hatten sich entzündet. Die sengende Hitze und die erbarmungslose Sonne hatten alles verschlimmert.

Dem Ausschlag folgten die Geschwüre, die heftig schmerzten. Wenn man eines dieser Geschwüre berührte, wäre der Betroffene am liebsten wie ein überheizter Dampfkessel in die Luft gegangen.

Es gab manch heftiges Wortgefecht, wenn man sich aus Versehen aneinander rieb. Die Hitze trug auch nicht dazu bei, die Gemüter zu beruhigen, und es wäre manchmal fast zu Prügeleien gekommen. Da ich von der Plage verschont blieb, hatte ich für Frieden zu sorgen – manchmal gelang das nur auf recht handgreifliche Weise.

Cherry verteilte an diesem Morgen das letzte Wasser. Wir drückten und preßten die Schwimmwesten bis zum letzten Tropfen aus und schauten dann sehnsüchtig in die leere Patronenhülse. Alex hatte einen Extraanteil bekommen, denn er war jetzt viel schwächer als wir alle. Selbst Oberst Adamson, der doch wirklich alles andere als gesund war, wirkte neben ihm kräftig.

Der wasserlose Nachmittag in der äquatorialen Hitze machte uns körperlich und seelisch restlos fertig. Am Abend sprach Bill Cherry das Vaterunser, das ich nun ganz bis zum Schluß auswendig konnte. Anschließend sprach noch ein jeder sein persönliches Gebet. Ich könnte manches von diesen Gebeten aufschreiben und von den Versprechungen, die wir Gott machten, ein neues Leben zu beginnen, wenn er uns retten würde. Aber es wäre unrecht von mir, diese letzten Geheimnisse, die hier vor Gott und vor Menschen offenbar wurden, breitzutreten. Wir, die wir in diesen Booten zusammensaßen, kannten uns jetzt besser, als uns unsere Mütter je gekannt haben. Und es war gut, daß unsere Mütter uns so nicht erlebten.

Einer gelobte, er würde ein besserer Ehemann und ein besserer Vater werden, wenn er gerettet würde. Ein anderer versprach, anständiger für die zu sorgen, die von ihm abhängig waren. Wir bekannten offen unsere früheren Sünden. Ich schäme mich nicht zu bekennen, daß auch ich in dieser Wasserwüste Versprechungen machte. Und ich habe den festen Willen, sie zu halten.

Nach der Rettung habe ich mich zum Beispiel mit meinem Bruder vertragen, mit dem ich fünfzehn Jahre in Unfrieden lebte. Früher konnte ich nicht eine Viertelstunde mit jemandem zusammen sein, ohne mit ihm in Streit zu geraten. Wenig Gutes fand ich an anderen, nur mich selbst hielt ich für gut. Heute halte ich jeden von vornherein für anständig und gut, bis er mich vom Gegenteil überzeugt. Ein paar meiner Freunde behandeln mich auch heute noch so, als wäre ich eine Bombe mit Zeitzünder, die jeden Augenblick explodieren kann.

Aber ich will mein neues Leben anständig zu Ende führen.

Am zehnten Abend betete Bill Cherry wieder für uns

zum Herrn und redete ihn wie gewöhnlich mit »alter Meister« an. Der Erkenntnis, daß seine Fürsorge uns nun schon mehr als einmal gerettet hatte, gab Bill folgendermaßen Ausdruck:

»Du würdest uns nicht so lange am Leben gelassen haben, wenn du nicht beabsichtigtest, uns nach einer Weile zu retten, nicht wahr, alter Meister? Wir brauchen mehr Regen und wir brauchen ihn so schnell wie möglich. Willst du daran denken, alter Meister?«

Ein anderer, als er an die Reihe kam, betete, daß Gott ihn sterben lassen möge, damit seine Leiden ein Ende hätten. Sofort fuhr ihm Rick an die Kehle:

»Nimm das zurück«, brüllte er, »bete, daß die Hilfe schnell kommen möge, aber laß Gott mit deinem Gejammer zufrieden! Er wird ein männliches Gebet erhören, aber nicht dein Gewinsel!«

Wenn Rick betete, so sprach er den Herrn stets mit »Unser Vater« an. Er bat oft, daß die, die unsere Signale gehört hätten und nach uns suchten, doch zu unseren Booten geführt werden möchten, solange wir noch am Leben waren. Er bat auch, daß wir Land finden möchten, wo wir uns durch Essen und Trinken genügend stärken könnten, um uns selbst weiterzuhelfen. Einmal fügte er hinzu: »Du, unser Vater, weißt, daß wir dich nicht darum bitten, daß du alles allein tun sollst. Wir werden uns selbst weiterhelfen, wenn du uns nur eine Möglichkeit zeigst.«

Rick hatte eigentlich nie gesagt, daß er ein religiöser Mensch wäre. Wir hatten aber alle den Eindruck, daß er eine Art von praktischem Christentum zeigte, das allein fähig ist, die Welt besser zu machen. Hier folgen seine eigenen Worte, die er nach unserer Rettung auf eine entsprechende Frage äußerte:

»Nein«, sagte er, »ich bin kein ›religiöser Mann‹ im üblichen Sinne. Aber ich habe aus meinen Erfahrungen einen festen Glauben gewonnen. Ehrlich gesagt, ich habe nicht einen Augenblick daran gezweifelt, daß wir gerettet würden. Ich habe so meine eigene Religion und halte es mit der ›goldenen Lebensregel‹*. Ich glaube ganz einfach, daß ein Mann, der den Gefühlen seines Herzens folgt, niemals falsch handeln kann und genug Religion besitzt, um mit allem fertig zu werden.«

Nach dieser abendlichen Gebetsstunde fühlten wir uns alle seelisch etwas aufgemuntert. Mein Gefühl sagte mir, daß bald irgend etwas geschehen würde.

Neuntes Kapitel

In der frostigen Nacht saß ich schlaflos und dachte über unsere Lage und meinen Seelenzustand nach. Es waren keine erbaulichen Gedanken.

Ich war ein Agnostiker gewesen, ein Gottesleugner, wenn man will. Ich bin mir nicht ganz sicher, ob ich diesen Begriff richtig anwende. Ich zweifelte jedenfalls an der Existenz eines höheren Wesens wie etwa Gott. Kam in Gesellschaft das Gespräch auf Religion, so erklärte ich gerne, daß Gott in meinem ganzen Leben nie

* »Goldene Lebensregel« = »Alles nun, was ihr wollt, das euch die Leute tun sollen, das tut ihr ihnen auch« (Matth. 7, 12). (Anmerkung des Übersetzers.)

etwas für mich getan hätte, warum also sollte ich der Kirche angehören? Um mich vor diesen trüben Gedanken zu schützen, verschanzte ich mich dahinter, daß ich wenigstens kein Heuchler gewesen war.

In dieser Nacht dachte ich über einen Ausspruch nach, den ich irgendwo im südwestlichen Pazifik gehört hatte: »In den Fuchslöchern von Guadalcanal gibt es keine Gottesleugner.« Nun, ich kann heute ebenso sagen, daß es auch keine Gottesleugner in Schlauchbooten zwischen Wogen und Haifischen im äquatorialen Pazifik gibt.

In diesen Wasserwüsten fand ich meinen Gott. Wir standen uns erst fremd gegenüber. Ich leugne nicht, daß da irgendwo tief in mir noch eine Abneigung saß. Nach über vierzig Jahren Gleichgültigkeit und Selbstsucht wäre es wirklich merkwürdig gewesen, wenn ich dieses Gefühl nicht gehabt hätte.

Wir wären uns weiter fremd geblieben, wenn Er es nicht anders gewollt hätte. Er ließ zwei Wunder geschehen, die beide mein Leben retteten und mich auf den Weg der Umkehr brachten, und zwar ganz und gar, wie eine Umkehr sein muß.

Meine Gedanken richteten sich nun auf den körperlichen Zustand unserer kleinen Gemeinschaft. Jahre schienen vergangen zu sein, seit wir Bill Cherrys jungen Haifisch gegessen hatten. Aber irgendwie machte mir das nichts mehr aus. Ich war nicht hungrig. Das einzige, was ich spürte, war, daß ich Wasser haben mußte, ehe der Tag zu Ende ging – und zwar viel Wasser. Ich betete, und ich hatte die Zuversicht, daß wir Wasser bekommen würden – Er würde es schicken.

Aber ich hatte auch ein Gefühl der Besorgnis. Nach zehn Tagen hilflosen Umhertreibens mit Durst, Hunger, Hitze und dem drohenden Schatten des Todes als Begleitern geriet ich in einen seltsamen Zustand. Wir hatten die ersten drei ertragen; jetzt aber streckte der Tod seine Hand nach unserer kleinen Gemeinschaft aus.

An diesem elften Morgen ging die Sonne hinter einer drohenden Wolkenwand auf. Als es heller wurde, sahen wir in der Ferne Regenwolken ganz niedrig über den Ozean treiben, und es war möglich, daß dieser tiefblaue Meeresschleier, um den wir so gebetet hatten, plötzlich auf See niedergehen würde.

Als wir das noch beobachteten, schwebte eine dicke schwarze Wolke über uns und öffnete ihre Schleusen. Der Regen flutete auf uns nieder.

Wir waren dieses Mal klüger und wandten all unsere Geschicklichkeit an, um das Wasser aufzufangen. Ich erzählte schon von den Gummikissen, die mit dem Mund aufgeblasen werden und die lose in den Booten lagen. Eines davon nahmen wir und benutzten es zum Auffangen des Regens. Das Wasser speicherten wir wieder in der Schwimmweste von Bill Cherry auf. Wir löschten unseren Durst. Die Ströme des reinen und kühlen Wassers spülten wieder die Salzkrusten von unseren Körpern und brachten denen Linderung, die an Salzwassergeschwüren litten.

Etwa vier Liter Regenwasser hatten wir aufgefangen, als uns eine heftige Bö traf. Wir hatten alle Hände voll zu tun, um das Seewasser aus den Booten zu schöpfen und ein Kentern zu verhindern. Die zwei größeren Boote überstanden den Windstoß, für den kleinen »Pfannkuchen« jedoch, in dem De Angelis und Alex Kaczmarczyk saßen, war der Windstoß zu heftig. Gerade als der Regen aufhörte, kippte das kleine Boot um.

Wir sahen gleich, daß Alex nicht fähig war, es alleine flottzumachen. De Angelis versuchte ihm zu helfen; doch auch er war schwach, und es ging über seine Kräfte. Wir alle halfen, und nach einigen Anstrengungen bekamen wir Alex auf seinen Platz zurück. Er war offenbar in sehr schlechter Verfassung.

Die geringen Kräfte, die er aus dem Lazarett in Honolulu mitgebracht hatte, waren aufgezehrt. Außerdem, so erzählte uns De Angelis, hatte er im Fieberwahn Salzwasser getrunken.

Jetzt hatte er wieder Fieber und erkannte uns nicht. Seine Stirn glühte. Wir alle redeten vergebens auf ihn ein. Rick fuhr ihn ziemlich heftig an, in der Hoffnung, ihn damit aus seiner Lethargie zu rütteln. Als er jedoch den wahren Zustand des Sergeanten erkannte, ordnete er an, ihn in das größere Boot zu nehmen. Johnny Bartek mußte dafür in den kleinen »Pfannkuchen« zu De Angelis klettern.

Alex trank den vollen Anteil Wasser – wenn wir für ihn nur etwas kräftigende Nahrung gehabt hätten! In der Nacht hielt Rick den Jungen in seinen Armen, um ihn vor den Salzwasserspritzern zu schützen und um ihn warm zu halten. Als der zwölfte Tag heraufdämmerte, schien es ihm etwas besser zu gehen, aber es war die letzte Morgendämmerung, die er erlebte.

Alex blieb während des Morgens bei Bewußtsein. Am frühen Nachmittag aber, als die Sonne die Wolken vertrieben hatte, geriet er wieder in Fieberwahn. Er kam jedoch zu sich, als es kühler wurde, und als die Abenddämmerung einsetzte, meinte er sogar, daß er sich frisch genug fühle, um die Nacht in seinem Boot zu verbringen.

De Angelis wechselte jetzt in Ricks Boot hinüber, und Bartek blieb mit Alex, der sogar fähig war, bei unserer Abendandacht das Vaterunser mitzuflüstern, im »Pfannkuchen«. Die Boote gingen wieder in Linie, und Stille kehrte ein, die nur von dem eintönigen Geräusch der Wellen, die an die Wände der Boote klatschten, unterbrochen wurde.

Spät in der Nacht geriet Alex wieder in Fieberphantasien. Ich bringe es nicht übers Herz zu wiederholen, was er alles redete. Es ging um seine Mutter und um ein Mädchen. Kurz nach Mitternacht erstarb seine Stimme zu einem leisen Flüstern. Um 2 Uhr früh rief Bartek:

»Hallo, Leute! Ich fürchte, Alex ist gestorben.«

Wir holten das kleine Boot heran, so daß es zwischen den beiden größeren lag. Rick untersuchte den Körper und bat Cherry und mich, das gleiche zu tun. Leider stimmte Barteks Annahme. Da Rick der Ansicht war, daß wir vor Tagesanbruch doch nichts unternehmen könnten, gingen die Boote wieder in Linie.

Als der Tag anbrach – es war der dreizehnte –, bemerkte ich, daß Johnny Bartek sein kleines Testament in den Händen hielt, obwohl es noch viel zu dunkel zum Lesen war. Der Osten flammte auf in prächtigen Farben: rot, purpur und golden. Es schien, als ob die Sonne aus dem Wasser heraus Strahlen in den Himmel schoß.

Unsere Flotte versammelte sich, und wir beteten gemeinsam das Vaterunser. Leutnant De Angelis sprach, soweit er sie auswendig wußte, die ergreifenden Worte der katholischen Totenmesse. Beide, er und Alex, gehörten der katholischen Kirche an. Ich erinnere mich einiger Worte:

»O Gott, großer und allmächtiger Richter der Lebendigen und der Toten. Vor dir erscheinen wir alle nach diesem kurzen Leben, richte darum auch unsere Herzen hin auf den Tod, und wenn wir nun diesen irdischen Leib der Tiefe übergeben, dann lehre auch uns, daß wir sterben müssen ... Herr, schenke ihm die selige Ruhe und lasse ihm leuchten dein ewiges Licht.«

Johnny Bartek zog den Reißverschluß der Fliegeruniform zu, wieder beteten wir das Vaterunser und übergaben den Toten den Fluten. Noch lange konnte ich ihn sehen – ihn quälte nichts mehr.

Wir hielten unsere übliche Morgenandacht und waren dann lange still. Alex war ein guter Junge gewesen. Es machte mutlos, daran zu denken, daß er am Leben geblieben wäre, wenn wir Nahrungsmittel und Medizin gehabt hätten. Was in unserer Macht stand, hatten wir aber getan.

Die Beisetzungsfeier hatte für kurze Zeit unsere Gedanken abgelenkt. Doch nicht lange, und die sengende Hitze ließ uns wieder unseren Durst spüren und machte die Schmerzen der sechs, die Salzwassergeschwüre hatten, qualvoll. Auch ich war niedergeschlagener als sonst. Was lag näher als der Gedanke, in dem Tode von Alex den Vorboten des eigenen Schicksals zu sehen!

Ich konnte ja nicht ahnen, daß das erste der beiden

Wunder bereits im Anzuge war. Und was passierte, war wunderbar, und es wird immer wunderbarer, je mehr ich darüber nachdenke.

An diesem dreizehnten Tage brannte die Sonne erbarmungslos auf uns nieder. Kurz nach 10 Uhr wurde sie von einer Regenbö verdeckt. Unsere Hoffnung wuchs. Der vertraute blaue Regenschleier kam auf uns zu. Wir beteten laut, daß er uns erreichen möchte. Als er noch etwa eine Viertelmeile von uns entfernt war, trieb ihn ein Gegenwind fort.

Mein Glaube wankte aber nicht mehr. Zum erstenmal betete ich nun selbst. So wie die meisten von uns, wußte auch ich nicht, wie ich Gott eigentlich richtig anreden sollte. Daher sprach ich zu ihm wie zu meinen Eltern oder zu einem Freund.

»Gott«, betete ich, »du weißt, was Wasser für uns bedeutet. Der Wind hat es weggetrieben. Es liegt in deiner Macht, o Gott, uns den Regen zurückzusenden. Es bedeutet nichts für dich, aber für uns bedeutet es das Leben.«

Einige von den anderen hatten aufgehört zu beten. Irgend jemand sagte im Zorn, daß dieser verdammte Wind 40 Jahre in der falschen Richtung wehen würde. Ich nahm das als einen Wink und fuhr fort zu beten:

»Gott, auch der Wind kommt von dir, du bist der Herr über ihn. Befiehl ihm, in der anderen Richtung zu wehen, damit wir Regen bekommen, ohne den wir sterben müssen.«

Es gibt Dinge, die lassen sich einfach nicht durch Naturgesetze erklären. Der Wind drehte sich nicht, aber der Regenschleier blieb dort stehen, wo er war.

Dann, ganz langsam, kam er auf uns zu – gegen den Wind!

Es mag sein, daß ein Meteorologe das richtig erklären kann. Einer versuchte es mir gegenüber: irgendwelche sich kreuzende Winddriften hätten die Bö zurückgetrieben. Ich sage nur, da waren keine sich kreuzenden Driften. Die Regenwolke machte kehrt und kam mit majestätischer Überlegenheit zurück. Es war so, als ob eine gewaltige und allmächtige Hand sie über das Wasser auf uns zuschob. Und auf mein Wort: Genauso war es, was da passierte.

Wir fingen viel Wasser auf und erquickten uns an der kühlen Flut, die auf unsere Körper niederging. Einigen hatte sich schon drei- oder viermal die Haut abgeschält. Sie hatten viele wunde Stellen, die sie sich an den Wänden des engen Bootes aufgescheuert hatten. Und die Geschwüre wurden fast stündlich schlimmer. Bis zu ihrem Tode werden sie nicht vergessen, was es heißt, Salz in eine Wunde zu bekommen. Der kühle Regen, der vom Himmel fiel, war wirklich die einzige Hilfe.

Dieser Regen war eine Gottesgabe. Wirklich und wahrhaftig. Ich wüßte nicht, wie wir ohne diese Hilfe durch die kommenden vier Tage völliger Windflaute hätten kommen sollen; sie waren der schlimmste Abschnitt unserer Schicksalsprüfung.

Zehntes Kapitel

In den Tagen, die wir längs des Äquators trieben, hatten wir teil an Regen und plötzlichen Güssen, die für diese Gegend des Pazifiks kennzeichnend sind. Am Morgen des vierzehnten Tages kamen wir aber in die Flaute. Nicht das geringste Lüftchen war zu spüren, weder in der Frühe noch tagsüber.

Dies war die schlimmste Zeit der ganzen drei Wochen, nicht nur wegen des Durstes und des Hungers. Ich habe gelitten, wie ich es nie für möglich gehalten hätte. Dabei war ich doch der einzige, der vom Ausschlag verschont geblieben war. Die Unterkörper der anderen waren nichts als ein Geschwür.

Dazu kam, daß sich unsere Kleider in ihre Bestandteile auflösten. Die Sonnenstrahlen waren so stark, daß sich ernsthafte Verbrennungen einstellten. Meine Sokken waren zerfetzt, das Hemd total zerrissen. Und die Schuhe hatte ich im Flugzeug gelassen.

Wir hatten Wasser, ja, aber der winzige Schluck aus der Patronenhülse machte uns nur noch durstiger. Der Hunger hatte uns so geschwächt, daß uns die kleinste Bewegung erschöpfte. Wir hatten lange nichts gegessen, weil die salzhaltige Luft unsere Angelleine so zermürbt hatte, daß ein Haifisch, der nach der Angel schnappte, mit ihr auf und davon gegangen war. Aber wir hätten ja sowieso keinen Köder gehabt. In diesem Zustand gerieten wir nun in die Flaute. Es ist daher nicht zu verwundern, daß wir alle zeitweise ins Phantasieren kamen. In diesen höllischen Tagen hatte ich meine phantastische Begegnung mit Davy Jones und seinem freundlichen Gehilfen Jim Blood. Es war ein Hirngespinst, das aber seltsamerweise ganz lebhaft in meiner Erinnerung haftet. Doch davon später. In diesem Flauteloch kam aber auch nicht der geringste Wind auf, der uns hätte erfrischen können. Der Ozean war glasig und flimmerte, so weit wir sehen konnten. In dem erbarmungslosen, blendenden Licht schmerzten uns die Augen.

Mir fielen einige Verse aus dem Gedicht von Samuel Taylor Coleridge*: »Reime eines alten Seefahrers«, ein. Sie paßten genau auf unsere Lage. Ich habe dieses Gedicht später nachgelesen. Abgesehen davon, daß wir keinen Mast und kein Deck hatten, sind vier Verse darin, die wie für uns geschrieben sein könnten. Sie schildern alles so deutlich, daß ich beim Lesen in mein Schlauchboot zurückversetzt wurde. Dies sind sie:

Schlaff hingen die Segel, es schlief der Wind;
ob je unsere Reise ein Ende find't?
Tot schienen die Wasser im weiten Rund,
das Schweigen zu brechen nur sprach der Mund.

Am Mittagshimmel von heißer Glut
stand brennend die Sonne rot wie Blut;
lotrecht sie stand hoch über dem Mast,
klein wie der Mond erschien sie uns fast.

Kein Hauch sich rührte; das Herz ward zag.
Kein End zu sehen der Seefahrt Plag!
Auf gemaltem Bild jeder Punkt liegt still:
So unser Boot schier nicht weiter will.

* Samuel Taylor Coleridge: englischer Dichter (1772 bis 1834). (Anmerkung des Übersetzers.)

Nur Wasser ringsum, die See weit und tot;
doch bersten die Planken vor Dürre im Boot!
Wohl Wasser ringsum im weiten Rund:
Kein Tropfen zu netzen den durstgen Mund!

In diesen vier Tagen hatte Eddie Rickenbacker schwer zu schaffen, um die Moral aufrechtzuerhalten. Wie wußte er denen heimzuleuchten, die zusammensacken wollten! Er nahm sich die Jungens so fürchterlich vor, daß sie sich nach Kräften wehrten und am Leben bleiben wollten. Das bezog sich vor allem auf zwei unserer Gemeinschaft.

Rick hatte scharfe Ohren und schien jede Bemerkung aufzufangen. War es eine mutlose, dann fuhr er dem Mann, der sie gemacht hatte, gleich an die Kehle.

»Was war das? Was war das?« brüllte er. »So, du warst es wieder, ja du? Was bist du doch für ein elendes Wickelkind! Wenn wir mal aus diesem Drecknest herauskommen, dann geh nur gleich zu den Weibern, wo du hingehörst. Wie bist du Jammerlappen überhaupt in die Armee gekommen?«

Einer, der besonders von ihm heruntergedonnert worden war, bat Rick später, ihm die Hand geben zu dürfen. Rick sagte ihm: »Ich freue mich über jeden Händedruck, den ich mit einem *Mann* austauschen darf. Wenn du mir bewiesen hast, daß du einer bist, will ich deine Hand überhaupt nicht mehr loslassen.«

Er gebrauchte eine Unzahl von Kraftausdrücken und erfand auch neue dazu. Ich kam da nicht ganz mit, denn ich hatte den Gebrauch von Kraftausdrücken aufgegeben, als mein Sohn heranwuchs. Aber Rick wandte seinen

Wortschatz zu einem guten Zweck an, und er hatte Erfolg. Außerdem half es auch noch, die Zeit zu vertreiben, die so langsam verstrich, daß ich einige Male glaubte, auch meine Uhr sei endgültig stehengeblieben. Die Uhren der Kameraden gingen ja schon lange nicht mehr.

Der vierzehnte Tag unseres ziellosen Umhertreibens im Äquatorgebiet wurde durch die übliche Gebetsstunde beendet. Dieses Mal hatten wir dem Herrn ein neues Anliegen zu unterbreiten: die Bitte um Wind, der uns aus dieser Flaute heraushelfen sollte. Wir saßen hilflos auf einem Fleck, und unsere Kräfte nahmen immer mehr ab.

Doch der fünfzehnte Morgen dämmerte heran ohne Wind. Bill Cherry verkündigte, er würde die Leinen lösen, damit die drei Boote auseinandertreiben könnten. Vielleicht käme eines in Wind und würde der Hilfe entgegengetrieben. Die Leinen wurden gelöst, aber es geschah nichts. Die Boote blieben zusammen. Schließlich banden wir sie wieder aneinander.

An diesem Nachmittag hatte Cherry seinen Gang mit einem 3 m langen Haifisch – und verlor ihn. Der große Bursche tummelte sich vor uns und tauchte von Zeit zu Zeit unter die Boote, um sich seine Muscheln abzuscheuern. Jedesmal knallte er von unten mit seinem Schwanz gegen den Boden und schüttelte Reynolds, der dort lag, tüchtig zusammen. Der fühlte sich sowieso nicht sehr gut.

Schließlich begann Cherry eine Unterhaltung mit dem Hai. Er erzählte ihm, was er von ihm persönlich hielte, von seinen Verwandten, von seinen Vorfahren und von Haifischen im allgemeinen. Als er sich müde geredet hatte, legte er sich zu einem Schlummerstündchen an die Seitenwand des Bootes. Plötzlich gab es einen heftigen Stoß und ein Schmerzensgeschrei.

»Meine Nase ist gebrochen!« brüllte Cherry.

Ich sah nach und mußte ihm recht geben. Der beleidigte Haifisch hatte mit seinem Schwanz zu einem mächtigen Schlag ausgeholt, Cherry ins Gesicht getroffen und ihn auf den Boden des Bootes geschleudert, gerade auf Reynolds. Aus Bills Nase rann das Blut, und wir hatten Mühe, es zu stillen. Vier Wochen später war die Nase noch nicht geheilt, und Bill fürchtete, daß ein Knorpel gebrochen sei.

Ich will dem Leser sagen, welchen Rat ich nach diesem Schrecken Bill Cherry gab: »Wenn du nächstens einem 3 m langen Haifisch etwas Beleidigendes sagen willst, dann warte damit, bis du sicher in San Franzisko sitzt, und dann schreibst du ihm am besten einen Brief.«

Vom sechzehnten Tage habe ich keine Eintragung in meinem Tagebuch, nur eine vom siebzehnten. Diese lautet:

»Immer noch Flaute. Kein Wasser, wenig Hoffnung.«

Irgendwann fuhr einmal einer aus der Haut und brüllte los wie ein Verrückter. Das war schon nichts Besonderes mehr. Trotzdem verlor Rick nie die Zuversicht, daß wir gerettet werden würden, und mir ging es genauso. Gewiß: »Wenig Hoffnung«, aber ich glaubte nicht an ein Ende.

Zu dieser Zeit etwa hatte ich die seltsame Begegnung mit Davy Jones, dem mythischen Wächter der Seelen ertrunkener Seeleute. Man hat mir gesagt, daß es ganz ungewöhnlich sei, sich seiner Fieberphantasien zu erinnern. Die Dinge, die ich jetzt berichte, sind mir aber lebendiger in der Erinnerung als viele, die sich tatsächlich ereignet haben; hierbei kann es sich allerdings um Gedächtnistäuschungen handeln, die durch Hunger, Durst und qualvolles Leiden hervorgerufen sind.

In einer der Nächte, die auf den sechzehnten oder siebzehnten Tag folgten, war es mir, als hörte ich eine Stimme: »Hier ist Davy Jones, Jim. Komm herunter in mein Reich! Ich habe mit dir zu sprechen.«

Nun, ich hatte nichts zu verlieren, und so glitt ich an der Seite des Bootes hinab, sorgsam darauf bedacht, daß Rick mich nicht hörte. Durch das warme Wasser glitt ich immer tiefer. Und dann war ich auf Grund und stand Davy gegenüber. Er war ein starker, mächtig wirkender Mann mit einem weißen Schnurrbart, der sich über den Mundwinkeln kräuselte. Sein Gehilfe, Jim Blood, war bei ihm.

»Bist du bereit, bei mir zu bleiben?« fragte Davy.

»Nein«, antwortete ich ihm. Darauf wandte sich Jim Blood zu mir. Mir gefiel Jim besser als Davy, er war nicht so wild, war sauber rasiert, aber auch von kräftiger Statur. Er war freundlich und zuvorkommend und behandelte mich so, wie ein großer Geschäftsmann seinen besten Kunden behandelt.

»Wir haben aber alles vorbereitet, Jim«, sagte Blood zu mir. »Ich denke, du bleibst hier unten. Du gehörst doch nicht aufs Festland, du bist doch einer von uns. Du bist ein alter Seemann, und hier sind alle Seeleute versammelt. (Ich war von 1919 bis 1922 bei der Marine!) Was meinst du?«

Ich dankte Jim, sagte ihm aber doch, daß ich noch nicht so weit wäre, ich hätte noch verschiedenes in San

Franzisko und sonstwo zu erledigen. Jim lachte und erklärte, daß ich ihm jederzeit herzlich willkommen wäre.

In meinen Fiebervorstellungen kehrte ich zum Boot zurück. Irgendwo aus der Gegend des Hecks riefen mir Stimmen »Hallo« zu. Ich antwortete unverzüglich und fragte nach dem Namen der Rufer, die mir bereitwillig genannt wurden.

Verschiedene Male verlangte ich nach Jim Blood, daß er ins Boot käme und sich mit mir unterhielte. Er kam immer, und jedesmal fragte er mich, ob ich inzwischen bereit wäre, mit ihm in Davy Jones' Reich zurückzukehren. – Ich mochte den Burschen gerne!

Ein anderes Mal – es war wohl am siebzehnten Tage – hatte ich die Vorstellung, daß unser Boot ein offenes Auto wäre, mit dem wir einen Heckenweg entlangfuhren, an dem rechts und links Klubhäuser und Gaststätten standen. Ein stattliches Klubgebäude fiel mir auf, an dem wir eigentlich hätten halten sollen. Da wir das aber nicht taten, wandte ich mich gekränkt an Cherry, von dem ich annahm, daß er den Wagen führte. »Bill, warum hast du nicht an dem großen Haus mit der Leuchtreklame gehalten?« fragte ich scharf. »Etwas weiter ist ein noch viel schöneres«, sagte er beruhigend. Hier schaltete sich Jimmy Reynolds in die Unterhaltung ein. »Er darf es überhaupt nicht riskieren, auf dieser Insel irgendwo zu halten, Jim«, sagte er. »Ich weiß nicht, ob ich es euch erzählen darf, aber hier wird heimlich nach Öl gebohrt. Ich sah die großen Pumpen, mit denen das Wasser aus der See geholt wird.«

»Was ist los, wovon redet ihr?« Das war Rick, der vom Boot herüberbrüllte.

»Das mit dem Öl ist zwar ein Geheimnis«, fuhr Jimmy fort, »aber ich dachte, Bill Cherry wüßte es schon.«

»Er ist meschugge«, bemerkte Cherry, »er ...«

»Einen Augenblick noch«, unterbrach uns Rick, »laßt uns der Sache auf den Grund gehen. Von welcher Insel sprecht ihr? Ich möchte alles wissen.«

Später in Samoa haben Rick und ich herzlich darüber gelacht. »Ich muß auch nicht ganz bei Trost gewesen sein«, sagte er, »aber Inseln mit Wasserpumpen, die lasse ich mir denn doch nicht so leicht entgehen.«

Elftes Kapitel

In der Morgendämmerung des achtzehnten Tages saß ich in halbwachem Zustand dumpf vor mich hinbrütend im Heck unseres Bootes. Unsere Stimmung schien den tiefsten Punkt erreicht zu haben, wir waren kaum noch fähig, Schlimmeres zu ertragen. Aber ich hatte, wie nun schon öfter, unrecht.

An diesem Tage und den beiden folgenden erlitten wir derartig niederschmetternde Schläge, daß wir eigentlich alle Hoffnung hätten aufgeben müssen. Aber wir schöpften immer wieder Kraft aus unseren Gebeten. Mich hielt mein neugewonnener Glaube an Gott aufrecht.

Wir hatten gehofft, daß mit dem neuen Tag wenigstens ein Lüftchen aufkäme, das uns endlich aus diesem Flauteloch herausbrächte. Drei Tage saßen wir nun schon fest, und in diesen drei Tagen waren wir sehr viel schwächer geworden.

Aber kein Wind kam, kein Lufthauch. Der Osten flammte auf wie ein phantastischer Waldbrand und kündete uns einen neuen sengenden Tag an. Ich schleuderte der Sonne Verwünschungen entgegen, ehe sie überhaupt aufgegangen war. Die Sonne und die glitzernde See waren für mich Wesen geworden, die ich genauso haßte wie einen persönlichen Feind.

Nun tauchte die Sonne am Horizont empor; mir schien, als bliebe sie ein oder zwei Sekunden stehen, um boshaft zu uns hinüberzuschielen, ehe sie weiter in den Himmel hinaufkletterte. Die Kameraden erwachten jetzt auch und reckten sich schwach.

Die morgendliche Wasserration wurde ausgeteilt; etwas mehr als zwei Zentimeter hoch in der Patronenhülse. Ich stellte fest, daß unsere Zuteilung kleiner geworden war, aber es kümmerte mich nicht mehr. Das Wasser schmeckte brackig und machte mich noch durstiger.

Während der Gebetsstunde erinnerte ich Gott an das Wunder des Regens am dreizehnten Tage. Ich betete inbrünstig, wie nie zuvor, um Rettung; nicht um Essen und Trinken, nur darum, gefunden zu werden. Die Erinnerung an das Regenwunder machte mir Mut. Als wir die Gebetsgemeinschaft mit dem Vaterunser beschlossen hatten – ich konnte es jetzt schon vorsprechen –, war mir etwas von meiner alten Kraft zurückgekehrt. Ich wußte, die Rettung würde kommen, und ich betete wieder, daß ich bis dahin am Leben bleiben dürfe.

Wie der Tag zu Ende ging, weiß ich nicht mehr. Die Sonne stieg und stieg, und die Hitze wurde unerträglich. Gegen Mittag begannen die täglichen Wahnsinnsausbrüche, in denen einzelne anfingen, verrückte Lieder zu singen. Fast alle führten wir lange und ernsthafte Gespräche mit Leuten, die gar nicht da waren. Jim Blood aus Davy Jones' Reich kam wieder zu mir, um sich eine Weile mit mir zu unterhalten.

Ich hörte seine Stimme, sah ihn aber nicht. Er bedeutete mir, daß er bei Tageslicht über Wasser unsichtbar wäre. Das leuchtete mir wenig ein. Plötzlich hörte ich eine Stimme, die mein Herz höher schlagen ließ. Mein Sohn Thomas sprach mit mir! Als ich einrückte, war er gerade zu einer Marineeinheit in San Franzisko abkommandiert worden.

»Was machst du hier, Tom?« fragte ich. »Warum bist du nicht in San Franzisko?«

»Vor zwei Wochen kam ich zum Dienst auf See, Papa«, sagte er, »und schau, wir sind untergegangen. Weil ich nun schon gerade hier bin, dachte ich, ich könnte einmal nachsehen, wie es dir geht.«

Dann war die Stimme weg, und obwohl ich immer wieder nach ihr rief, erhielt ich keine Antwort. Diese Fiebererscheinung verfolgte mich von Stund an und verließ mich erst, als ich mit meiner Familie wieder vereint war und alle gesund und munter vorfand. Ich hatte gehört, daß kürzlich verstorbene Personen ihren Verwandten oder nahen Freunden erscheinen. Und in meinem jämmerlichen Zustand an diesem achtzehnten Tage unseres Umhertreibens hätte ich noch mancherlei geglaubt.

Nach einer Ewigkeit qualvollen Leidens glitt die Sonne endlich langsam dem Westen zu. Und dann geschah es!

Wir hatten unsere Abendration Wasser empfangen und saßen stumm da. Rein zufällig schaute ich auf Bill Cherry. Plötzlich richtete er sich auf und sah mich mit stierem Blick wild an.

»Ich höre einen Motor!« brüllte er. »Ich höre einen Motor! Hörst du ihn auch?«

Wir schauten uns zweifelnd an und sagten nichts. Dann, plötzlich, wie Stehaufmännchen sahen wir alle nach oben.

Wir hörten es jetzt alle: ein tiefdröhnendes Geräusch, gedämpft durch die Entfernung. Dann sahen Rick und Cherry zu gleicher Zeit vor einer tiefen Wolkenbank im Westen die Silhouette eines Flugzeugs, das direkt auf uns zukam.

Es war eine Wassermaschine, ähnlich den üblichen Marineflugzeugen der Vereinigten Staaten. Die Japaner haben eine Maschine, die aus der Entfernung ganz ebenso aussieht.

Wir wurden fast verrückt, besser gesagt, noch verrückter. Wir schienen in die Nähe eines Luftstützpunktes getrieben zu sein. Nicht weit hinter dem Horizont mußte ein Außenposten der Zivilisation liegen.

Das Flugzeug kam schnell näher, und wir konnten bald feststellen, daß sein Kurs etwa drei Meilen von uns entfernt lag. Blitzartig durchzuckte uns der Gedanke: die Leuchtpatronen, Leuchtkugeln abschießen!

Ja, die Leuchtkugeln! Es wäre wohl nicht ganz so einfach gewesen, die vier Patronen und die drei Pistolen vom Grunde des Ozeans heraufzuholen. Dort lagen sie schon seit dem achten Tage unserer Irrfahrt, als unser Boot in der Sturzwelle kenterte. Mit erschreckender

Deutlichkeit wurde uns diese Tatsache ins Gedächtnis zurückgerufen.

Aber wir gaben nicht auf; wir schrien und winkten. Cherry schwenkte sein Unterhosensegel hin und her. Wir beteten. – Das Flugzeug flog jedoch in fünf Meilen Entfernung vorüber. Wir spürten, daß wir nicht gesehen worden waren. Wenn einige von uns nicht weinten, so lag das nur daran, daß ihr Körper nicht mehr genug Feuchtigkeit hatte, um Tränen hervorzubringen. Grabesstille und tiefste Düsternis bemächtigten sich unserer Gemeinschaft. Rick war der erste, der sich aufraffte.

Was er jetzt fertigbrachte, war das Meisterstück seines Lebens! In etwa einer Minute hatte er die ganze Gesellschaft zusammengestaucht und packte außerdem noch jeden einzelnen bei seiner Ehre. Und schließlich feuerte er eine Breitseite gegen den ganzen Haufen ab. Die psychologische Wirkung, die er erzielte, war so, wie er sie sich gewünscht hatte. Es machte ihn nicht gerade beliebter, aber das war auch nicht seine Absicht. Er wollte nur den Kameraden das Rückgrat stärken.

Seine Rede – salonfähig gemacht – lautete etwa so: »Wenn das Flugzeug *einmal* da war, wird es auch wiederkommen. Wo *ein* Flugzeug ist, sind auch noch andere. Wenn wir so nah zu deren Stützpunkt herangetrieben worden sind, werden wir auch noch näher herantreiben. Unsere Rettung steht uns bevor. Ein *Mann* muß Mut, Geduld und Vertrauen aufbringen, auf sie zu warten.«

Unmittelbar als Antwort auf diese Worte kam ein Windstoß und gleich hinterher ein zweiter. Eine feste, beständige Brise setzte ein, und Bill befestigte seine Unterhose wieder an seinen Riemen. Wir kamen vorwärts! Wir waren heraus aus unserem Flauteloch.

Es regnete am Morgen des neunzehnten Tages. Es war nicht viel, und wir konnten kein Wasser sammeln, aber wir spülten uns wieder ab, erfrischten uns und löschten unseren Durst. Der Regen war auch noch besonders gut für De Angelis und Bartek, die, wie jetzt herauskam, ebenso wie Alex Kaczmarczyk kurz vor seinem Tode, im Fieberwahn Salzwasser getrunken hatten. Sie bekamen reichlich frisches Wasser, um das Salz aus ihren Körpern herauszuspülen.

Ich bin in meinem Bericht schon ein wenig vorausgeeilt. Die Erregung, die das Sichten des Flugzeugs und das Aufkommen des Windes am Abend unseres achtzehnten Tages hervorgerufen hatten, ließ uns in dieser Nacht nicht zur Ruhe kommen. Ich fühlte, daß Flugzeug und Wind Zeichen von Gott waren und daß unsere Rettung nicht mehr ferne sein konnte.

So rief ich mir im Geiste alles noch einmal zurück, was Gott für mich getan hatte, seit unsere tapfere Fliegende Festung in den Wellen verschwunden war. Ich dachte an die Antworten, die meinen Gebeten zuteil geworden waren. Ich dachte vor allem an das Wichtigste: ich hatte beten gelernt, ich hatte Gott gefunden und stand ihm nicht mehr fremd gegenüber.

Als ich so nachdenklich dasaß und die Boote über die leuchtenden Wellen glitten, wurde ich von Sturzwellen überschüttet. Aber ich achtete gar nicht darauf.

Unsere Leidenszeit war sicher noch nicht zu Ende, und ich versuchte auch gar nicht, es mir einzureden.

Ich war so hungrig wie nie; ich war so durstig, daß meine Kehle schmerzte. Und doch hatte ich ein so erhebendes Gefühl, daß alles andere daneben unwesentlich wurde. Ich betete – ein Dankgebet.

Jimmy Reynolds stöhnte im Schlaf und rollte in die äußerste Ecke des Bootes. Das brachte mich in die Wirklichkeit zurück. Der Junge war in den letzten paar Tagen zusehends schwächer geworden. Ich hoffte, und ich betete, daß er nicht das Schicksal von Alex teilen möge, daß die Rettung für ihn nicht zu spät käme.

Kurz nach Anbruch des neunzehnten Tages kam das Erkundungsflugzeug wieder vorbei. Es flog kaum 400 m hoch und nur etwa drei Meilen seitab an uns vorüber; nachmittags wiederholte es den Flug in derselben Höhe, und wir waren seinem Kurs schon näher. Es handelte sich also wirklich um einen regelmäßigen Patrouillenflug.

Jedesmal, wenn die Maschine erschien, fuhren wir vor Aufregung fast aus der Haut. Aber der Pilot sah uns nie. Und jedesmal, ehe wir wieder in Trübsinn fallen konnten, war Rick bei der Hand, uns dermaßen herunterzumachen, daß wir darüber das Flugzeug vergaßen.

Mir wurde immer verständlicher, was Rick bezweckte: durch sein Schelten wollte er die Kameraden zum Widerspruch herausfordern, denn nur das erhielt sie noch am Leben.

Zwölftes Kapitel

Am zwanzigsten Morgen, als wir wieder vergeblich auf das Patrouillenflugzeug warteten, verkündete Bill Cherry plötzlich: »Hört zu, Jungens, ich glaube, jetzt ist es Zeit, daß wir der Vorsehung ein bißchen helfen. Ich werde das kleine Boot nehmen und mich selbständig machen. Wenn wir uns über ein größeres Gebiet verteilen, ist die Chance, daß wir gesehen werden, 3 : 1, also besser. Und wenn erst ein Boot gefunden ist, kann man eine richtige Suchaktion nach den anderen starten.«

Das klang vernünftig, aber zu unser aller Überraschung sprach sich Oberst Adamson energisch gegen Cherry aus. Er hielt es für unklug, daß Cherry unsere Gemeinschaft gerade zu diesem kritischen Zeitpunkt auflösen wollte. Warum er dieser Ansicht war, erklärte er allerdings nicht.

Cherry aber war fest entschlossen. Er gab dem Oberst gar keine Antwort, brachte statt dessen unser Boot längsseits an das kleine, bat De Angelis, zu Jimmy Reynolds und mir hinüberzusteigen, und kletterte in das kleine Boot. Darauf löste er die Leine.

»Ich riet Ihnen, nicht zu gehen!« stieß Adamson hervor. »Das ist ein Befehl! Ich bin hier der rangälteste Offizier.«

»Das ist wahr«, erwiderte Cherry, »aber Sie haben nicht das Kommando. Ich war Kapitän und Kommandant des Flugzeugs, und ich habe daher auch das Kommando über unsere Gruppe. Ich fahre.«

Cherry handelte richtig. Im Flugzeug war Oberst

Adamson genau wie Rick nichts anderes als Passagier. Rick griff auch nicht in die Auseinandersetzung ein. Sie ging ihn nichts an, denn er war Zivilist.

Bill war schon 30 m abgetrieben, als das Patrouillenflugzeug vorbeiflog, und zwar so tief und so nahe, daß wir es deutlich als US-Marineflugzeug ausmachen konnten. Aber der Pilot sah uns immer noch nicht. Als die Maschine verschwunden war, knüpfte ich auch unsere Leine los und machte unser Boot frei. Ich sah auf Rick.

»Machen Sie es gut, Rick«, sagte ich, »wir werden uns wiedersehen.«

»Alles Gute, Jim«, erwiderte er.

»Auch Ihnen, Rick, und euch allen.«

Oberst Adamson verbot auch mir, mich selbständig zu machen. Er wiederholte, daß er der rangälteste Offizier sei und daß er mir befehle, zu bleiben. Aber auch bei mir war er im Unrecht. Als zweiter Pilot des Flugzeugs war ich Bill Cherry, nachdem er sich von unserer Gruppe getrennt hatte, im Kommando gefolgt. Ich ließ mich in gar keine Diskussion ein, und da wir bereits die Leine gelöst hatten, trieben die Boote bald auseinander.

Wir nahmen einen anderen Kurs als Cherry, und nach ein paar Stunden waren die Boote etwa zwei oder drei Meilen auseinandergetrieben. Am späten Nachmittag konnten wir die anderen kaum noch sehen. Das Abendflugzeug brummte über die See und mußte über ein Boot unserer Flotte hinweggeflogen sein. Aber es erfolgte wieder nichts.

In dieser Nacht schliefen wir wenig. Wir waren einsam, es fehlten uns die Kameraden. Außerdem hielt mich das Gefühl der vorigen Nacht, daß sich irgend etwas vorbereite, munter. Dieses zuversichtliche Gefühl muß sich auch auf Johnny und Jimmy übertragen haben, denn trotz ihres elenden Zustandes schienen sie hoffnungsfroher und waren voller Erwartung. Wir mochten uns nicht niederlegen.

Trotzdem fiel ich in den ersten Stunden des neuen Tages noch in einen tiefen Schlaf – und verschlief so den wichtigsten Morgen der letzten drei Wochen. In den zwanzig Tagen unseres Unternehmens war ich gewohnt, im Morgengrauen einen leeren Ozean, einen leeren Himmel, eine leere Welt zu erblicken.

Am einundzwanzigsten Morgen jedoch wurde ich unsanft geweckt. De Angelis rüttelte mich so derb, wie seine schwachen Kräfte es nur erlaubten. Er hatte meine Schulter gepackt und rief meinen Namen.

»Laß das!« rief ich. »Was ist denn los?«

»Jim«, sagte er, »sieh dich doch einmal um. Vielleicht ist es nur eine Luftspiegelung, aber ich glaube, ich sehe etwas.« Ich drehte mich um und richtete mich auf. De Angelis brauchte mir nichts zu zeigen, und es war auch keine Luftspiegelung. Fern am Horizont sah ich einen etwa zehn Meilen langen Streifen von Palmenbäumen. Aus der Entfernung von etwa zwölf Meilen konnte ich zwar kein richtiges Land sehen, aber es war ja sicher, daß unter diesen Palmen auch Land sein mußte. – Von den anderen Booten entdeckten wir jedoch keine Spur.

Am Morgen des 11. November, um 6.30 Uhr, tauchte ich die beiden Aluminiumriemen ins Wasser und habe sieben und eine halbe Stunde gerudert, habe gerudert, was das Zeug halten wollte, um festes Land unter die Füße zu bekommen. Meine beiden Bootsgenossen waren in erbärmlicher Verfassung. De Angelis konnte sich noch gerade etwas bewegen, das war alles. Er wollte mir gerne ein bißchen helfen, mußte aber schon nach ein paar Minuten aufgeben.

Jimmy Reynolds lag ausgestreckt im Boot. Er war dem Tode nahe. Seine Augen waren tief in die Höhlen gesunken, und sein Kopf hatte erschreckende Ähnlichkeit mit einem Totenschädel. Bei der ärztlichen Untersuchung ein paar Tage später wurde ein Gewicht von 40 kg festgestellt; sein Normalgewicht war aber 60 kg!

Und doch brachte es der arme Junge fertig, eine Haltung zu zeigen, wie ich sie selten erlebt habe. Obwohl er sich kaum rühren konnte, sagte er doch: »Ich bin in Ordnung, nur ein bißchen müde. Aber in einer Minute werde ich aufkönnen und Ihnen helfen.«

Er lag längs der Bootswand hinter mir und schöpfte mit der Patronenhülse Wasser, das er mir beim Rudern über Nacken und Rücken goß. Ohne diese Hilfe wäre ich bei der fürchterlichen Mittagshitze zusammengebrochen.

Wir hatten geschätzt, daß wir etwa gegen Mittag die Insel erreichen würden, und gegen 12 Uhr waren wir tatsächlich nur noch etwa 200 m von der Küste entfernt. Ich wollte gerade sagen, daß sich Johnny und Jimmy für eine Bestellung zum Mittagessen präparieren sollten. Da passierte es!

Das Boot geriet in einen Sog und entglitt meiner Führung. Nach wenigen Sekunden waren wir in die See zurückgeschleudert. Ich konnte mit den Riemen absolut nichts mehr ausrichten, und die Strömung ließ uns erst los, als wir schon wieder mindestens eine Meile auf See waren.

Die lange, schmale Insel bewegte sich langsam am Bug des Bootes vorüber, wie ein gigantischer Ozeanriese, der sich durch das Golden Gate* in See schleppen läßt. Natürlich wußte ich, daß die Insel feststand. *Wir* trieben ab, obwohl es aussah, als ob sich die Insel fortbewegte. Wir waren auf ihre Spitze losgesteuert, und nun waren wir schon mehr als die Hälfte landeinwärts abgetrieben.

Wenn ich jemals aus Qual geschrien habe, dann jetzt. Ich war erledigt, fertig, abgekämpft. Ich rief den Himmel zum Zeugen an, daß wir hinausgeschleudert worden waren. Ich konnte kaum noch die leichten Riemen halten. Und dort, es schien in Reichweite, war Land – war Leben. Während ich das alles bedachte, bewegte sich diese großartige Palmenreihe mit unbarmherziger Gleichmäßigkeit weiter und weiter weg. Wenn wir je das Land erreichen wollten, dann mußte es jetzt sein.

Ich sah auf Jimmy, der wieder lang lag. Ich sah auf Johnny De Angelis. Er war restlos erschöpft und erschrocken durch das, was geschehen war. Bald würde er genauso weit sein wie Jimmy. Ich versuchte, meine erstarrten Finger und schmerzenden Arme zu bewegen.

Es war zwecklos. Nur durch ein Wunder konnten wir unsere Füße auf die Insel setzen, nur durch ein Wunder. Ein Wunder? Ich erinnerte mich des Regenwunders am

* Golden Gate: Goldenes Tor, Hafeneinfahrt in San Franzisko. (Anmerkung des Übersetzers.)

dreizehnten Tage. Ich erinnerte mich der anderen Gebetserhörungen. Ich dachte an Gott.

Ich rief zu ihm, daß er mir Kraft geben möge. Ich schrie es gegen den sich erhebenden Wind, aus Angst, er möchte es nicht hören. Ich warf einen Blick auf De Angelis' erschrockenes Gesicht. Immer noch schreiend, setzte ich die Riemen an. Ich ruderte. Eine halbe Stunde später ruderte ich immer noch – und kam vorwärts. Als die heimtückische Strömung uns in die See zurückgeworfen hatte, war ich machtlos gewesen, das Boot zu halten. Jetzt hatte ich sogar die Strömung überwunden.

Ich hatte sie überwunden im Angesicht all der Hindernisse und Gefahren, die sich mir in den Weg stellten. Ich sprach von dem aufkommenden Wind. Er brachte Regenfluten mit sich, die die Insel vor unseren Augen verschwinden ließen. Ich richtete mich im Boot auf, um besser sehen und den Kurs halten zu können.

Ein Riemen ruckte und drehte sich in meiner Hand. Ich sah die schmutzig-graue Form eines Hais in den Wellen verschwinden. Als ich noch nachsah, tauchte ein zweiter auf, schlug gegen den Riemen und glitt davon. Diese Haifische waren nicht die drolligen Dummköpfe, die uns bisher begleitet hatten. Diese waren Menschenfresser. Wenn sie das Boot angegriffen hätten, wären wir erledigt gewesen. Der Regen ließ nach, und ich konnte die Insel sehen. Immer noch trieb sie ab. Ein Stoßgebet entrang sich meinen Lippen:

»Gott, verlaß mich jetzt nicht!«

Ich habe das Regenwunder beschrieben. Ich habe von der Leuchtpatrone erzählt, die auf das Wasser zurückfiel und die nach unserm verzweiflungsvollen Gebet um Essen das Mittel wurde, uns mit Fischen zu versorgen.

Das Gebet, das sich jetzt meiner Brust entrang, war mehr als verzweiflungsvoll. Es war eine demütige Bitte, aus Angst hinausgeschrien in Wind und Regen. Es kam aus meinem tiefsten Herzensgrund, und ich kannte keine inneren Vorbehalte mehr. Ich rief zu Gott, der einzig und allein uns retten konnte. Und die Antwort kam, sofort und wunderbar; es war das zweite göttliche Wunder.

In meine Schultern und in meine Arme kehrte die Kraft zurück. Ich schlug mit den Riemen nach den Haien. Sie wandten sich, als wollten sie uns angreifen. Es kümmerte mich nicht mehr, ich ruderte wieder. Ich ruderte und tauchte die Riemen in die Schaumkronen der Wellen. Ich sagte, *ich* ruderte, aber das stimmt nicht. Ich, Jimmy Whittaker, hätte auch nicht einen einzigen Schlag mehr tun können.

Als das Boot nun gleichmäßig durch die Brandung glitt, war ich mir auch nicht der kleinsten Anstrengung bewußt. Es war, als ob sich die Riemen automatisch bewegten und meine Hände nur diesen Bewegungen folgten. An diesen Riemen waren andere Hände am Werke!

Ich gelte als guter Ruderer und bin auch kräftig. Aber heute, nachdem ich wieder bei vollen Kräften bin, würde ich zögern, an diese Strecke heranzugehen. Damals aber war ich völlig erschöpft, denn drei Wochen Hunger, Durst und bitterer Leiden lagen hinter mir.

Der Regen stürzte in Strömen herab. Die Haifische hatten sich zur Unzahl vermehrt und schienen sich zum

Angriff zu formieren. Sie schossen um unser Boot und schlugen auf die Riemen.

Dennoch näherten wir uns, als würden wir durch das Seil einer Dampfwinde herangezogen, immer mehr dem Ufer: durch heimtückische Strömung, durch Herden von Haifischen und durch stürmischen Regen. Es geschah ein zweites Wunder, und ich erkannte es.

Die schäumende Brandung zeigte uns Riffe an; wir standen vor einer neuen Schwierigkeit: die Ebbe war noch nicht vorüber; wir liefen Gefahr, von den schweren Wogen auf scharfe Korallen gestoßen zu werden. Und wenn die Luftkammern des Bootes aufgerissen wurden, war es um uns geschehen.

Johnny De Angelis lag im Bug und ruderte und steuerte mit den Händen. Wir nutzten das Heben der Wellen aus und brachten auf diese Weise das leicht verletzliche Boot Zoll um Zoll über die Riffe hinweg in ruhiges Wasser.

Die wunderbare Kraft, die mir in Sturm und Strömung gegeben worden war, hielt vor, bis der Kiel des Bootes geräuschlos auf Grund lief. Nach drei Wochen spürten wir wieder Land unter den Füßen. Wir erreichten es am 11. November 1942, nachmittags 2 Uhr.

Dreizehntes Kapitel

Johnny fuhr fort, am Bug liegend, mit den Händen zu rudern. Unser Boot war, einige Meter vom sandigen Strand, auf Grund gelaufen. Aber es bestand nicht mehr die Gefahr, in die See zurückgetrieben zu werden. Ich zog die Riemen ein.

»Alles an Land, was an Land gehen will!« rief ich. Dabei stellte ich fest, daß meine Stimme rauh und brüchig geworden war.

Jimmy Reynolds krabbelte sich hoch und fiel wieder hin. Er konnte nicht stehen. Johnny kam hoch und kletterte hinaus, dann fiel er der Länge nach hin.

»Was ist denn mit euch los, Jungens?« fragte ich.

»Versuch es selbst«, sagte Johnny und bemühte sich, erneut aufzustehen. Ich richtete mich hoch und lag im selben Augenblick lang. Es war keine Schwäche; es war einfach so: während ich mich aufrichtete, begannen Insel und See sich schräg zu stellen, wie ein Teller, der auf einer Kante steht. In meinem Bestreben, diesem Phänomen zu begegnen, lehnte ich mich zu weit zurück und verlor das Gleichgewicht. Ich kämpfte mich hoch und ging wieder an den Boden. Das machte ich so achtmal, bis mir einfiel, ich könnte die Riemen als Stütze benutzen. Ich machte sie los und humpelte aus dem Boot. Bald merkte ich, daß ich mein ganzes Gewicht auf den linken Riemen verlegen mußte, wenn die Insel Anstalten machte, nach rechts zu kippen. Machte ich das ein wenig zu heftig, fing die Welt gleich an, mir nach links zu folgen. Dann mußte ich mich schnell auf den rechten Riemen stützen. Ich hätte gern gewußt, ob Johnny und Jimmy ahnten, wie schwer ich arbeiten mußte, um die Landschaft einigermaßen im Gleichgewicht zu halten, damit sie nicht noch auf uns drei stürzte.

Nach einigen Minuten hatte ich mir genug Geschicklichkeit erworben, um die Lage mit Hilfe der Riemen zu beherrschen. Gelegentlich wollte die Insel einen unerwarteten Ausfall machen, aber ich fing sie noch schnell genug ab und zeigte ihr, wo sie hingehörte. Das war sehr wichtig, weil ich festgestellt hatte, daß verschiedene Löcher in den kleinen Korallenhügeln voll klaren Wassers waren.

Ich hoffte, daß es Regenwasser war, nicht durch Salz verdorben. Aber wenn die Insel weiter kippte und schlingerte, würde es natürlich auslaufen. Als ich das Gefühl hatte, die Lage zu meistern, kniete ich nieder und kostete es. Es war frisch. Ich rief es den anderen zu. In den nächsten paar Minuten tranken wir nur, atmeten tief ein und tranken weiter.

Wer nicht solche Schicksalsprüfungen durchgemacht hat wie wir, der ahnt nicht, wie gut klares, kaltes Wasser schmeckt. Wir tauchten unser Gesicht ganz tief hinein.

Als wir wirklich nicht mehr trinken konnten, schwankte ich empor und schaute mich um. Wir waren noch etwa 10 m vom sandigen Strand entfernt, und ich meinte, daß es besser wäre, wenn wir das Boot hinaufzögen. Johnny und ich taten es, während Jimmy auf allen vieren krabbelte.

Wir hatten keine Schuhe an und mußten uns sehr vor den Korallen in acht nehmen, die direkt unter der Wasseroberfläche saßen. Sie waren stellenweise so scharf wie gesplittertes Glas. Als wir das Boot aus der Reichweite der Flut gebracht hatten, dankten wir Gott für unsere Landung, für seine sichere Führung durch die Haifischherde, durch Sturm und Riff. Noch während des Gebets konnte ich graue Schatten jenseits des Riffs herumhuschen sehen. Aber diese Haie würden heute keinen Menschen mehr fressen!

Das nächste war nun, Nahrung und Obdach zu finden. Erst jetzt erkannte ich, daß mein eigener Zustand gar nicht so besonders war. Nicht die Insel schlingerte und wollte kippen: ich selbst war es, ich konnte nicht gehen, ohne einen Riemen als Stütze zu benutzen. Auch mein Gedächtnis funktionierte nur unter größten Schwierigkeiten, trotz aller Anstrengungen, die Gedanken zusammenzuhalten. Am besten zeige ich das an einem Beispiel. Es handelte sich um Jimmys Hose.

Die Knöpfe waren alle abgerissen, und der Reißverschluß, rostig vom Salzwasser, funktionierte nicht mehr. Der arme Junge verlor sie natürlich immer, als er so daherkrabbelte. Ich dachte scharf und angestrengt nach, wie ich ihm helfen könnte. Kurz vorher hatte ich meine eigene Hose mit einer Schnur festgebunden, aber jetzt kam ich nicht auf den Gedanken, Jimmy dasselbe vorzuschlagen.

Johnny saß auch da, das Kinn auf die Hand gestützt, und dachte nach; aber auch er fand keine Abhilfe. Inzwischen brannte die Sonne durch die Löcher meines Hemdes. So stolperte ich zu einem Palmbaum hinüber und brach einige Zweige ab, deren Blätter ich auf die zerrissenen Stellen legte. Das schien mir ein ungeheures Stück Arbeit zu sein. Während ich mir so zu helfen wußte, wollte mir irgendein Gedanke ins Bewußtsein kommen, aber er drang nicht durch.

Statt Jimmys Hose mit dünnen Palmzweigen festzumachen, ließen wir es ganz bleiben. Natürlich rutschten sie ihm, als er weiterkroch, immer wieder weg, und so zogen wir sie ihm schließlich aus. Mein Geisteszustand war an diesem Nachmittag wohl auf dem tiefsten Punkt angelangt. – Der Teil der Insel, auf dem wir uns befanden, war vielleicht 100 m breit. Wir waren ganz nahe an ihrem Ende. Wenn der Herr nicht seine Hand über uns gehalten hätte, wären wir ganz abgekommen und so in den sicheren Tod getrieben worden.

Die Insel lief nord-südlich, und es war notwendig, daß wir auf die Leeseite kamen, um Schutz vor Sonne und Regen zu finden. Auf dem Wege dorthin fand Johnny einige Kokosnüsse und rollte sie mit den Füßen vor sich her. Als wir den passenden Platz gefunden hatten, hatte er sechs. Ich versuchte eine mit meinem Dolch zu öffnen. Sie mußte schon lange gelegen haben, denn die Schale war eisenhart. Ich brauchte 40 Minuten, um sie zu öffnen und an den Kern zu gelangen.

Die Kokosnuß enthielt wenig Milch, aber der Kern war weich und nahrhaft. Als wir aßen, beobachtete ich einige kleine rattenähnliche Tiere, die sich an die weggeworfenen Schalen gemacht hatten und davon fraßen. Ich kroch hin und tötete ein paar mit dem Dolch. Die übrigen machten, daß sie fortkamen, fanden ihre Scheu aber wohl überflüssig, denn sie kehrten bald zurück, und ich erlegte noch einige.

Es war unser erstes Fleisch seit Hickam Field. Dieses und die Kokosnuß stellten mich so weit her, daß mir erst richtig bewußt wurde, wie groß mein Hunger war. Auch durstig wurde ich wieder.

So ging ich zum Strand zurück und schöpfte aus den Korallentümpeln einige Liter Wasser, die ich in der

Schwimmweste aufspeicherte. Dann ging ich noch einmal los und holte das Boot.

Als es dunkel wurde, legten wir uns unter das umgedrehte Boot. Es begann zu regnen, und das Wasser überflutete unseren Platz. So konnten wir keinen Schlaf finden. Aber trotz der schlingernden und kippenden Insel ruhten wir gut. Ich glaube, ich grub meine Finger in den Sand, um die Insel festzuhalten. Selbst bei schlimmstem Wetter hatte sich unser winziges Boot besser betragen als dieses etwa 10 Meilen lange Eiland.

Am nächsten Morgen – es war der 12. November – fand Johnny weitere Kokosnüsse, und wir hatten wieder was zu essen. Mit kleinen Unterbrechungen aßen wir eigentlich den ganzen Tag. Ich tüchtiger Jäger tötete mehrere Tiere. Das Fleisch war nicht gerade appetitlich, aber es war kräftigend. Johnny und mir ging es viel besser. Nur mit dem armen Jimmy schien es ständig bergab zu gehen. Ich war wieder so weit hergestellt, daß ich mir ernste Sorgen um ihn machen konnte. Wir entschlossen uns, an diesem Tage nichts weiter zu unternehmen, und sagten Jimmy, daß es uns absolut nichts ausmache, wenn er sich einen Tag gründlich erhole. Er murmelte etwas Undeutliches und lag schon wieder lang.

Aber er hatte wenigstens kaum Schmerzen. Der Regen hatte das Salz aus seinen Geschwüren herausgewaschen. Sie sahen nicht mehr so schlimm aus und schienen langsam zu heilen. Johnny war besser dran, er hatte unter den Geschwüren nicht so gelitten wie Reynolds. Ich war dieser Plage ja ganz entgangen, wahrscheinlich weil mein Leder viel zu zäh ist, als daß ihm ein bißchen Salzwasser etwas anhaben könnte. Aber meine Haut begann sich jetzt zu schälen. Einige von unserer Bootsgemeinschaft hatten sich sechs- bis achtmal geschält, und nun war ich an der Reihe. Das Merkwürdigste, das mir später noch passierte, war, daß sich meine Fingernägel lösten und neu wuchsen.

Morgens brummte unser Freund, das Marineflugzeug, über uns hinweg. Wie gewöhnlich winkten wir und trösteten uns nachher, daß diese Gymnastik uns wahrscheinlich gutgetan hatte. Um 3 Uhr nachmittags sahen wir fünf Flugzeuge über der See. Wir nahmen an, daß sie nach Unterseebooten suchten.

Aber nein, sie suchten schon nach Rick, Adamson, Bartek und uns. Cherrys Boot war am vorigen Nachmittag gesichtet worden, gerade als wir das Riff überwanden. Man hatte ihn aufgefischt, und nun waren die Nachforschungen nach uns in vollem Gange. Alle Flugzeuge, die nur irgendwie entbehrt werden konnten, flogen tief über dem Ozean hin und hielten Ausschau nach zwei Booten.

Die fünf Flugzeuge kamen wohl näher, aber sie überflogen nicht die Insel. So wurden wir nicht gesehen.

Als die Sonne sich neigte, sammelten wir weitere Kokosnüsse. Es war jetzt nicht mehr so schwierig, sie aufzumachen. Allerdings hätte ich gerne ein paar frischere gehabt. Wir sahen genug, 6 m über unseren Köpfen, aber das Auf-die-Bäume-Klettern schafften wir noch nicht. Die Bäume waren zu dick, als daß wir sie mit Erfolg hätten schütteln können.

So aßen wir dankbar die von der Erde aufgesammelten Früchte. Diese Nacht verzichteten wir auf unser Boot als Schlafplatz und ließen uns 10 m weiter auf den

Strand nieder. Aber es regnete ununterbrochen, und es war eine kalte, erbärmliche Nacht. Die Insel legte sich jedoch nicht mehr ganz so schief, und das war auch etwas wert.

Bei Sonnenuntergang hatten wir Gott noch einmal für unsere Landung gedankt und dann das letzte Wasser getrunken. Als ich am folgenden Tage frisches holen wollte, fand ich die Tümpel mit Salzwasser vollgespült. Hohe Wellen, durch den Wind bis hierher getrieben, mußten es getan haben. So hatten wir eine Aufgabe: wir mußten frisches Trinkwasser suchen. Glücklicherweise war uns die Richtung gegeben. Wir waren am Nordende der Insel gelandet, so daß wir uns nur nach Süden wenden konnten.

Ein Patrouillenflugzeug flog in drei Meilen Entfernung in südlicher Richtung an uns vorüber. Wir nahmen unser Boot und schlugen ebenfalls diese Richtung ein. Als wir etwa eine halbe Meile weit gerudert waren, entdeckte ich am Strand eine Eingeborenenhütte. Wir mußten den Außenposten eines Dorfes vor uns haben, und so gingen wir an Land.

Es war eine einzelne, strohgedeckte und dazu noch verlassene Hütte, aber sie wirkte auf mich wie Manhattan. Innen fanden wir nichts als ein unvollendetes Boot. Wir tranken tüchtig Wasser, das sich in Löchern angesammelt hatte, die von den Wurzeln der Kokospalmen ausgehöhlt waren. Es krabbelte darin nur so von Würmern, aber es schmeckte gut! Ich hätte jedes Wasser getrunken.

Mittags um halb eins an diesem dreiundzwanzigsten Tage unserer unfreiwilligen Reise flog eine Maschine direkt über unsere Köpfe hinweg, höchstens 60 m hoch. Aber wir standen in einem toten Winkel, so daß der Pilot uns unmöglich gesehen haben konnte. Es kümmerte uns aber nicht sehr. Wir hatten Obdach gefunden und damit Aussicht auf erquickenden Schlaf, den wir genauso nötig brauchten wie vorher Wasser. Der Hauptgrund, daß ich immer noch um schnelle Rettung betete, war Reynolds' bedenklicher Zustand.

Wir streckten uns auf dem Boden der Hütte aus und schliefen sofort ein. Wann wir erwachten, weiß ich nicht. Um 1.10 Uhr jedenfalls richtete ich mich hoch und schaute über das glitzernde Wasser.

In der Nähe des Strandes entdeckte ich Zerstörer und weiter draußen andere Wasserfahrzeuge. Es blendete ziemlich stark, und ich konnte die Umrisse der Boote nur schwer erkennen. Ich schüttelte Johnny. Er richtete sich auf und schaute hinaus, aber anscheinend sah er nichts Besonderes. »Das sind nur Kähne«, sagte er.

»Nur Kähne!« schrie ich, so laut ich konnte. »Nur Kähne? Was wünscht der Herr denn? Vielleicht die Queen Mary?«

Ich stürzte zum Boot und brachte es ins Wasser. Jetzt konnte ich schon mehr erkennen. Ich hielt sie für Zerstörer eines neuen Typs. Allerdings hatte ich noch nie ähnliche gesehen. Als ich etwa eine Viertelmeile vom Ufer entfernt war, erkannte ich sie wirklich – es waren Kanus der Eingeborenen mit Auslegern. Sie hatten mich vom Strand abstoßen sehen und kamen nun auf mich zu. Da ich jeden Maßstab verloren hatte, schien es mir, als ob sie etwa 50 Knoten die Stunde machten.

Als die Boote näher kamen, fiel mir auf, daß der Führer des Leitbootes ganz japanische Gesichtszüge trug. Da keine Zeit zu großen Begrüßungen war, rief ich ihm zu: »Du Japaner?« Alle Leute im Kanu schüttelten fast gleichzeitig den Kopf. Meine Spannung wich. Sie kamen heran und warfen einen schnellen, prüfenden Blick auf mich, dann flog eine Leine herüber. Ich befestigte sie am Bug des Bootes und machte ihnen dabei verständlich, daß noch zwei weitere Männer auf der Insel wären. So steuerten wir dem Strande zu.

Die Kanus waren mit vier gewandten Männern besetzt, die eine große Geschwindigkeit im Rudern entwickelten. Zum erstenmal sah ich eine Kielwelle vor dem Bug meines Schlauchbootes. Das kam mir unheimlich vor. Ich fürchtete für meine Sicherheit.

Dem Mann, der im Heck des Kanus saß, erzählte ich von unserer langen Fastenzeit und von Hunger und Durst, die uns noch quälten. Mit zungenbrecherischer Geschwindigkeit erzählte er es weiter.

Als das Boot die Küste anlief, sprang ein junger Bursche hinaus, der ein Seil und ein Hackmesser mit einem Holzgriff bei sich trug. Das Seil als Hilfe benützend, kletterte er auf eine Palme und warf einige reife Kokosnüsse herunter.

Kaum hatten wir die Hütte erreicht, so war er auch schon dort und öffnete eine Nuß mit seinem Hackmesser. Die Schalen schnitt er zu einfachen Trinkgefäßen zurecht. Wir gossen die Milch – vielleicht einen halben Liter von jeder Nuß – hinein und aßen das saftige, weiße Fleisch. Es schmeckte tausendmal besser als das der bisher von der Erde aufgesammelten Früchte.

Neue Hoffnung gewann ich, als ich mir das Messer des Eingeborenen genauer betrachtete. Es war ein Hobelmesser! Wir waren also nicht mehr weit von zivilisierten Gegenden.

Unsere neuen Freunde schienen es eilig zu haben. Sie stützten De Angelis und trugen Jimmy zum Kanu. Sie machten mir verständlich, daß sie uns in ihr Dorf bringen wollten. Johnny und Jimmy wurden auf Matten in das Kanu gebettet. Ich kletterte in mein Boot, und dann ging es vorwärts; wieder, wie mir schien, in leichtfertiger Geschwindigkeit.

Wir verließen die offene See und kamen in eine lange, vielfach gewundene Lagune. Dann kam das Dorf in Sicht. Es war ziemlich groß. Rauch kräuselte aus den strohgedeckten, spitz zulaufenden Hütten. Und was war das für ein merkwürdiger Duft? Ich schnüffelte. O ja, da wurde gekocht!

Die ganze Bevölkerung war zur Begrüßung angetreten. Die Frauen mit nichts anderem bekleidet als mit einigen Blütenzweigen und einem Lächeln. Aber trotz dieser Schönheiten um mich herum dachte ich an nichts anderes als an die lieblichen Düfte, die die Luft erfüllten.

Doch aus dem Lächeln der Frauen wurden rasch Tränen – und zwar echte Tränen –, als sie unseren Zustand erkannten. Wir waren ausgemergelt. Unser Haar und die Bärte waren lang und struppig. Jimmy Reynolds wirkte wie ein Sterbender.

Wir stiegen an Land. Auf dem Wege zur Gasthütte wurde mir mitgeteilt, daß die Insel Besitz eines befreundeten Landes sei und daß es eine Funkstation gebe. Kurz zuvor hatte ein US-Marineflugzeug eine Nachricht abgeworfen und die kleine Garnison gebeten, Ausschau nach uns zu halten. Darum waren auch die Eingeborenen, trotz der Hitze, unterwegs gewesen. Außerdem war ein Läufer zum Hauptquartier geschickt worden, von wo schon bald zwei Offiziere kamen. Jetzt endlich konnten wir uns an Fruchtsaft satt trinken. De Angelis und Reynolds wurden auf wohlriechenden Matten zur Ruhe gebracht. Mich jedoch fragte man, was ich essen möchte.

Und nun wurde Wirklichkeit, was wir in jenen schrecklichen Tagen gespielt hatten. Diese Leute wollten geben, was sie hatten. Ich sah einige Hühnchen, die unter einer Palme gemächlich dahindösten. Es war ihre letzte Siesta! Ich wünschte mir eine kräftige Hühnersuppe, die unter Aufsicht eines Mannes der Garnison gekocht wurde.

Während dieser Zeit nahm ich nach drei Wochen mein erstes Bad mit Seife und wartete dann auf das Mittagessen. Und das war eine Tortur. Der Duft der Hühnersuppe zog durch das ganze Dorf und erfüllte die Luft. Ich mußte mich furchtbar zusammenreißen, um mir nicht einen dieser Vögel aus dem Topf zu grapsen und ihn mit den Zähnen zu zerreißen.

Ich machte mir Sorge um Jimmy Reynolds. Im Schatten der Hütte sah er lebloser aus als je an Bord. Er bedurfte dringend ärztlicher Hilfe. Während ich noch um ihn bangte, flogen schon Funknachrichten durch die Luft. Unsere Freunde aus der Garnison waren auf dem Posten.

Vierzehntes Kapitel

Ich habe in meinem Leben schon viele Suppen gegessen und werde in Zukunft wahrscheinlich noch viele genießen. Aber an *eine* Suppe werde ich zeitlebens denken, und das ist die Hühnerbrühe, die die Eingeborenen auf dieser palmenbestandenen Insel für mich zubereiteten. Sie kräftigte mich und Johnny De Angelis zusehends. Jimmy allerdings war in einem so weit vorgeschrittenen Hungerstadium, daß sein Körper keine Nahrung aufnehmen konnte. Aber für ihn war schon Hilfe unterwegs.

Als wir den Rest der Suppe löffelten und an den Hühnerknochen knabberten, kam ein Marine-Wasserflugzeug auf unsere Lichtung zu, umkreiste sie und setzte dann auf dem Wasser auf. Auf die Nachricht der Garnison hin hatte die Marinestation einen Arzt geschickt, Leutnant Hall. Er verlor keine Zeit, sondern gab Jimmy sofort Traubenzuckereinspritzungen, die sein Leben retten sollten. Er kümmerte sich auch um mich und behandelte die Salzwassergeschwüre von De Angelis und Reynolds. Inzwischen unterhielt ich mich mit Leutnant Fred E. Woodward, der den Arzt hergeflogen hatte. Er brachte die ersten Nachrichten über unsere Freunde.

Sein Beobachter und Funker Lester Boute hatte mit scharfem Auge Cherrys winziges Boot am Nachmittag des 11. November entdeckt. Wir sind Boute zu tiefem Dank verpflichtet, weil die Rettung Cherrys zur Auffindung von uns allen führte – genau wie Bill es vorausgesagt hatte, als er am 10. November sein Boot von den unseren löste.

Rick, Oberst Adamson und Bartek wurden durch Leutnant William F. Eadie aufgefischt. Leutnant Eadie ist nicht nur ein großartiger Flieger, sondern auch ein ganz großartiger Mensch. Die Bergung dieser drei verlief folgendermaßen: Leutnant Eadie konnte nur eine Möglichkeit durchführen: Er wasserte seine Maschine auf bewegter See unweit des Bootes, vierzig Meilen von der Küste entfernt. Bei schnell einfallender Dunkelheit und strömendem Regen war es äußerst schwierig, die Rettungsboote auszusetzen. Man lief Gefahr, das Schlauchboot in der Finsternis wieder zu verlieren. Außerdem war die Rettungsmannschaft von Eile getrieben, um die Entkräfteten noch lebend zu bergen; aber es gelang.

Man sah ohne weiteres, daß der Zustand des Obersten Adamson äußerst bedenklich war. Unterstützt durch seinen Beobachter, hob ihn Leutnant Eadie daher aus dem Boot und brachte ihn im hinteren Führersitz des Flugzeugs unter. Aber nun war kein Platz mehr für Rick und Bartek, so mußte man sie auf den Tragflächen der Maschine festbinden. Dann rollte Leutnant Eadie mit dem überladenen Flugzeug der fernen Küste zu. Das war für Rick sehr beschwerlich. Er hatte schon mehr ausgehalten, als man sonst einem 52jährigen Manne zumutet. Als sie 10 Minuten unterwegs waren, trafen sie ein Schnellboot, das Rick und Bartek aufnahm. Der Zustand des Obersten Adamson aber war so ernst, daß man ihn im Flugzeug lassen mußte, mit dem Leutnant Eadie nun zu dem nächsten Marinestützpunkt flog.

Inzwischen hatte Leutnant Hall seine Behandlung an Reynolds und De Angelis beendet und empfahl mir dringend Bettruhe. Wir wurden alle zur Garnison hinübergebracht. Drei Soldaten verzichteten auf ihren Schlaf und hielten sich bereit, um Leutnant Hall nötigenfalls bei der Pflege zu helfen.

Die Insel betrug sich wirklich anständig in dieser Nacht, aber die Hängematte, die mir zugewiesen war, schien den Veitstanz zu haben, denn sie warf mich bis zum andern Morgen dreimal auf die Erde.

Am nächsten Tag, dem 14. November, war mein einundvierzigster Geburtstag. Er wurde ein rechter Festtag. Zunächst einmal: ich fühlte mich um 100 Prozent wohler. Außerdem trafen Abordnungen von eingeborenen Frauen ein, die unzählige Geschenke mitbrachten: handgeflochtene Matten, Fächer, Muscheln und Baströckchen, wie sie von den Insulanerinnen getragen werden. De Angelis und ich hielten hof wie Eingeborenenhäuptlinge. Jimmy war jedoch immer noch bettlägerig.

Es gab viele Verbeugungen und viel Gekicher. Der Vater von Thoma – dem langen schwarzen Burschen, der uns gefunden und zum Dorf gebracht hatte – betätigte sich als Dolmetscher. Er war ein Unterhäuptling des Stammes und vor langer Zeit einmal Koch auf einem Handelsschiff gewesen und so einige Male nach San Franzisko gekommen. Durch ihn konnten wir den Leuten sagen lassen, wie sehr wir ihre Freundlichkeit und Gastfreundschaft schätzten. Dann versicherten wir ihnen, daß man in dem großen Land Amerika bald von ihnen hören würde. Das schien ihnen großen Eindruck zu machen, und sie waren für einen Augenblick vor

Ergriffenheit stumm. Aber dann ging das Gekicher wieder los.

Nun muß ich aber noch etwas über Thoma erzählen. Er war 19 Jahre alt, fast 2 m groß und hübsch anzusehen. Seine Hautfarbe war wie Honig, und er hatte lebhafte und kluge Augen. Sein Englisch war überraschend gut, obwohl er nie weit von seiner Heimat weg gewesen war.

Ich schien ihm auch zu gefallen. Als wir etwas besser miteinander bekannt waren, wollte er meinen Namen wissen. »Jim« gefiel ihm schon, aber die scharfen Silben von »Whittaker« machten ihm zu schaffen. So nannte er mich einfach »Jim Amerika«.

Als wir die Kokosnüsse gegessen hatten, die seine Leute am Nachmittag für uns gesammelt hatten, fragte er mich nach weiteren Wünschen. So aus Spaß sagte ich, daß eine gute amerikanische Zigarette gerade das wäre, was mir noch fehlte. Ich hatte kaum ausgesprochen, als er auch schon aus der Hütte war und hurtig zu den Palmenbäumen hinübersprang. Nach kurzer Zeit war er zurück und streckte mir seine Hand entgegen. Und darin lag ein Päckchen amerikanischer Zigaretten. Ich war erschlagen.

»Danke herzlich, Aladin«, sagte ich.

Worauf er erwiderte: »Ich heißen Thoma.«

Er erzählte mir, daß weiße Soldaten sie ihm gegeben hätten. Er hatte sie vergraben, mit der Absicht, sie erst zu Weihnachten auszugraben. So erfuhr ich zuerst etwas von der nahe gelegenen Garnison.

Als wir dann später das Dorf verließen, machte mir Thoma noch ein Geschenk, das mich wirklich rührte. Es war das kleine Modell des Kanus, in welchem er mich gerettet hatte. Ich muß die Bedeutung dieses Geschenks besonders erklären.

Ein Eingeborener, der ein Boot baut, fertigt auch gleichzeitig ein Modell an, das dem großen Fahrzeug so ähnlich wie möglich ist. Er glaubt, daß seinem Boot nichts zustößt, solange er im Besitz dieses Modells ist. Darum hütet er es ängstlich und verbirgt es meist an einem geheimen Ort. Es kommt kaum vor, daß sich ein Eingeborener von seinem Modell trennt oder es gar verschenkt.

Es war also der größte Liebesbeweis, den Thoma mir geben konnte. Mit großem Ernst bat er mich, es sorgsam aufzubewahren. Er versicherte mir, wenn dem Modell irgend etwas zustoßen würde, würde das Kanu von dem gleichen Unglück betroffen werden. An den Bug des Modells schrieb er meinen Namen: »Jim Amerika«, und darunter: »von Thoma«.

Thomas Modell hat in meinem Heim in Burlingame einen Ehrenplatz. Und nicht weit davon steht, blank geputzt und glänzend, die Leuchtpatronenhülse, aus der wir immer unsere Wasserration tranken und mit der Jimmy Reynolds meinen Nacken und Rücken begoß, als wir uns anstrengten, an die Insel heranzukommen.

Am frühen Abend des 14. November wurde unsere Rettung zu Ende geführt. Ein Marine-Fahrzeug unter dem Kommando von Kapitänleutnant zur See Frank A. Monroe erschien vor der Insel und nahm uns an Bord. Der Schiffsarzt Leutnant Richard W. Garrity nahm uns in seine Obhut, und wir sagten den Eingeborenen Lebewohl.

Kurz vor unserem Abschied fragte ich Thoma, was er sich von mir wünsche. Er war aber schüchtern und behauptete, keine Wünsche zu haben. Ich drang in ihn und sagte, ich hätte seine Geschenke angenommen, und er würde mich kränken, wenn er keins von mir nähme. Schließlich gestand er mit leiser Stimme, daß er sich sehr über ein Stück Seife freuen würde, oder auch nur über ein halbes, falls ein ganzes zu unbescheiden wäre.

Heute ist Thoma Eigentümer von drei Anzügen, einem Karton Seife, einer Anzahl von Zigaretten und noch manch andern Dingen. Der Laden an irdischen Gütern, den ich Thoma sandte, machte ihn zweifellos zum reichsten Mann der Insel. Wenn ich ihn einmal wiedersehen sollte, ist er gewiß Häuptling.

Der Häuptling des Dorfes begleitete uns zum Strand und lud uns ein, nach dem Kriege wiederzukommen und unser Heim auf der Insel aufzuschlagen. Es würde uns sicher bei ihm gefallen, und wir könnten ja erst zu einem kurzen Besuch kommen – so auf ein Jahr etwa. Inzwischen würde er anbauen, so daß wir alle bei ihm wohnen könnten.

»Wir werden Hausgenossen«, erklärte er.

Fünfzehntes Kapitel

Als unser langes graues Schiff auf See hinausdampfte, stand ich an der Reling und schaute zur Insel zurück. Hier hatte es Gott gefallen, mich ein neues Leben beginnen zu lassen. Ich schaute, bis das Land meinen Blicken entschwunden und nur noch die lange Palmenlinie zu sehen war. Im späten Abendlicht sah sie genauso aus wie vor vier Tagen in der Morgenfrühe.

Ich dachte an die Eingeborenen, ihre Freundlichkeit und ihre kindliche Zutraulichkeit. Sie waren Werkzeuge Gottes gewesen, und mir schien, als ob diese Kinder des südlichen Pazifiks Gott viel näherständen als manche Menschen mit hellerer Hautfarbe und als ob sie viel erfahrener wären als wir.

Meine Gedanken wurden durch die Stimme Garritys unterbrochen, der seine Behandlung an De Angelis und Reynolds für heute beendet hatte. Wahrscheinlich wollte er nun nach mir schauen.

»Sie versuchen wohl, den ›starken Mann‹ zu spielen, wie? Sie gehören ins Bett, mein Lieber. Ich bring' Sie hin.«

Es hatte keinen Sinn zu protestieren. Dieser Ire war ein guter Arzt, und er sagte, was er meinte.

Aus dieser Zeit muß mein Spitzname stammen, der mir nun blieb. »Der starke Mann der Armee«, so nannten sie mich auf den beiden Inseln, die wir später besuchten. Es stimmte, ich war auf dem Palmeneiland nur wenig im Bett gewesen und hatte auch keine Lust, hier auf dem Schiff ins Bett zu gehen. Mir war eben nicht danach. Die Betten schlingerten und stellten sich schräg, so daß ich doch nicht schlafen konnte.

Während unserer wochenlangen Irrfahrt im Pazifik war ich alles andere als ein starker Mann gewesen. Ich hatte zufällig eine bessere Konstitution als die Kameraden, so daß ich mich schneller erholte.

Ich gehorchte aber Leutnant Garrity, und bei der Untersuchung erzählte er mir, daß er hoffe, Reynolds durchzubekommen. Aber es wäre doch eine schlimme Sache mit ihm gewesen. Der Traubenzucker, den er immer noch bekam, tat ihm gut.

In der Nacht erreichten wir unser Ziel, eine Insel, X 2 genannt, blieben aber bis zum nächsten Morgen vor dem Hafen liegen. De Angelis wurde in ein Feldlazarett getragen, aber ich bestand darauf, zu gehen. Ich wollte immer noch der »starke Mann« sein. Aber vielleicht lag mir auch daran, den Matrosen meinen Bart vorzuführen! Sie standen am Landungssteg und blieben an meiner Seite, jederzeit bereit, mich aufzufangen. Ein Kriegsberichterstatter ging auf dem Wege zum Lazarett etwa 3 m rückwärts vor mir her und knipste mich alle paar Schritte. Und da wir gerade von den Schritten sprechen: alle waren davon überzeugt, daß sie mich bei den paar Schritten zum Lazarett stützen müßten. Hilfreiche Hände streckten sich mir entgegen, aber ich stand aufrecht und fest auf meinen Beinen, als ich meine Schicksalsgefährten wiedersah.

Noch ein paar Worte über das Lazarett. Vor vier Tagen war es noch nicht da. Als die Nachricht kam, daß Cherrys Boot aufgefunden sei, hatte Oberst Lloyd Leech, der Kommandant der Insel X 2, dem Marine-Baubataillon Befehl gegeben, an die Arbeit zu gehen.

Innerhalb von 24 Stunden hatten sie dieses schmucke kleine Gebäude errichtet mit Betondecken, einem Wellblechdach und mit Netzleinwand umgeben. Gewöhnlich baut man erst, wenn Flugplätze und Geschützstellungen fertig sind. Aber wenn Lazarette gebraucht werden, 'ran an die Arbeit, und fertig sind sie. So wird von unseren Leuten im Pazifik die Sache angefaßt.

Im Vorraum des Lazaretts fand ich Johnny Bartek, immer noch sehr elend aussehend. Er hatte wohl zuviel Seewasser getrunken, und das wirkte sich jetzt schlimmer aus als alles andere.

Im nächsten Raum lag Eddie Rickenbacker. Auch er sah schwächer und schlechter aus als zu der Zeit, da wir uns trennten. Er war nicht mehr für unsere Moral verantwortlich, und so konnte er sich entspannen. Aus seinen Augen sprach aber die alte Tatkraft.

»Was ist los, Rick«, fragte ich, »krank geworden?«

Er grinste und reichte mir die Hand. Wieder mußte ich den Mann bewundern. Die Welt kannte ihn als verwegenen Autorennfahrer, der dann zu den Fliegern ging und der beste amerikanische Kampfflieger des ersten Weltkrieges wurde. Im zivilen Leben war er ein Geschäftsgenie und Leiter einer großen Verkehrsgesellschaft. Auf dem Gebiete der Luftfahrt ist er eine der größten Autoritäten.

Im endlosen Pazifik lernten wir einen Rickenbacker kennen, wie ihn die Welt überhaupt nicht kennt: den Menschen, der alles versteht, den Mann der Tat. Ich wünsche mir nur, wenn ich noch einmal durch eine Hölle gehen muß, wie sie nun hinter uns liegt, daß Rickenbacker oder einer gleich ihm dabei ist.

Am Nachmittag schlenderte ich umher. Die andern hatten Bettruhe. Reynolds war auf dem Schiff geblieben. Leutnant Garrity ließ uns sagen, daß er, obwohl es ihm besser gehe, als er erwartet habe, doch noch einige Tage an Bord bleiben müsse.

Bill Cherry und Oberst Adamson kamen erst später von ihrem derzeitigen Quartier ins Lazarett. Dem Oberst machten seine Salzwassergeschwüre immer noch sehr zu schaffen.

Bartek behauptete, es ginge ihm viel besser, und er bestand darauf, mit Rickenbacker photographiert zu werden. Die Ärzte sagten ihm, es ginge ihm auch nicht annähernd so gut, wie er sich einbilde; aber der Junge beharrte auf seinem Wunsch. Schließlich blinzelte Rikkenbacker, den Bartek nicht sehen konnte, uns zu und erhob gewaltig seine uns wohlbekannte Stimme:

»Du bleibst, wo du bist, und sagst keinen Muck mehr. Oder willst du, daß ich dich wieder ordentlich zusammenstauche, he?«

Es blieb totenstill drüben. Abends aber wurden Rick und Bartek an den Strand zu den Rettungsbooten getragen. Hier sagte Rick zu ihm:

»Nun danke Gott für das Testament, das du bei dir hattest, mein Junge. Du hast gesehen, was der Glaube für einen Mann bedeuten kann.«

Wir alle dankten Gott für dieses kleine braungebundene Buch. Es führte uns zum Gebet, und das Gebet brachte uns Rettung.

Ich hörte später, daß Johnny Bartek nach dem Kriege Pfarrer werden will. Wie viele Seelen er auch von der Kanzel her gewinnen mag, wie viele Menschen er auch zu einem neuen Leben führen mag, seine erste Kanzel wird ihm unvergeßlich bleiben: ein Schlauchboot, groß wie ein Pfannkuchen, bemalt in einem grellen Gelb, verloren im endlosen Pazifik.

Am nächsten Morgen – es war der sechsundzwanzigste Tag nach unserer Wasserung im Ozean und der fünfte, seit De Angelis, Reynolds und ich auf der palmenbedeckten Insel an Land gingen – wurde uns mitgeteilt, daß unsere Fahrzeuge warteten. Die Fahrzeuge waren drei Marine-Wasserflugzeuge. Rickenbacker, Cherry, De Angelis, Oberst Adamson und ich gingen an Bord.

Bartek blieb zurück, da er noch zu schwach für den Transport war, und Reynolds blieb ebenfalls auf seinem Schiff, ich habe ihn im Pazifik nicht mehr wiedergesehen. Er kehrte erst später mit Rickenbacker zum Festland zurück, nachdem dieser seine Aufgabe für das Kriegsministerium wieder angepackt und vollendet hatte.

Die Maschinen erhoben sich in die Luft, und wir erfuhren, daß wir zu einem Lazarett auf Samoa kämen. Während des Fluges schaute ich hinab auf den Pazifik: sanft und blau, kühl und einladend lag er da. Aber meiner Mutter Sohn James ließ sich nicht zum Narren halten. Ich wußte genau, was da unten los war: Wellenberge, salzige Gischt, mörderische Hitze und – Haifische.

In Samoa waren die Ärzte bedeutend strenger als auf dem Schiff oder auf der Insel X 2. In Samoa steckten sie den »starken Mann« genauso ins Bett wie jeden andern, von dem sie meinten, daß er der Bettruhe bedürfe. Sie hielten mich darin zwei Tage fest; erst dann konnte ich wieder mit dem Spazierengehen beginnen. Und noch eine ganze Zeitlang steckten sie mich wieder hinein, wenn sie mich erwischten; und das war gewöhnlich nach den Mahlzeiten der Fall. Übrigens aßen wir jetzt dreimal am Tage gebratenes Fleisch.

Wir hatten praktisch nichts mehr anzuziehen, bis wir in Samoa den Mann vom Roten Kreuz trafen. Er verpaßte uns baumwollene Marineuniformen, Tropenhelme und Mokassins. Er kam sogar mit Rangabzeichen und anderem Zierat an.

Wir blieben in Samoa, bis wir völlig wiederhergestellt waren. In dieser Zeit wurden wir königlich behandelt. Dann kamen wir am 3. Dezember in die Nähe von Hikkam Field auf Honolulu, und jetzt endlich konnten wir uns einen Wunsch erfüllen, den wir schon viele Wochen hegten: Erdbeeren mit gemalzter Milch!

In der sengenden Hitze auf dem Ozean, als Cherry den Kellner gespielt hatte, war unser Appetit darauf so gewaltig geworden, daß unser Verlangen auch nicht durch Schnitzel und die Mengen von Getränken vergangen war. So gingen wir zum Offizierskasino. Der Kellner hatte natürlich schon von uns gehört und machte uns so riesige Portionen fertig, daß ich tatsächlich nur drei davon trinken konnte, obwohl ich mir vorgenommen hatte, nicht unter zehn aufzuhören.

Nun hatte ich nur noch eines in Hawaii zu tun. Das Seidenkleid für meine Frau, das ich sechs Wochen vorher gekauft hatte, durch ein neues ersetzen. Es versank mit unserer Fliegenden Festung.

Ein paar Tage später landete der Pan-Amerika-Schnelldampfer mit uns auf Treasure Island in der Bucht von San Franzisko. Mit einigen höheren Offizieren zusammen stand meine Frau Ann und unsere Tochter Shirley an der Pier, uns zu begrüßen. Auch mein Sohn Thomas kam; er war also trotz meiner Halluzination Davy Jones entronnen! Und dann ging es heimwärts nach Burlingame.

Hauptmann Bill Cherry wurde nach Washington kommandiert, um bei Entwürfen für neue Rettungsboote mitzuarbeiten. Diese Rettungsboote werden »Rickenbackers« heißen. Ich bin sicher, daß sie viele Verbesserungen haben werden. Aber ich hoffe und bete, daß ich nie eines auf einer 21tägigen Irrfahrt ausprobieren muß.

Als mein 30tägiger Erholungsurlaub abgelaufen war, meldete ich mich zurück zum Dienst. Aber ich erfuhr, daß ich für weitere 60 Tage abkommandiert sei, um meine Erlebnisse auf dieser Gummibootirrfahrt den Rüstungsarbeitern an der Westküste zu erzählen. Zu Hunderten und Tausenden habe ich gesprochen. Und meine Vorträge handelten nicht so sehr von uns als von den Männern, die auf den winzigen Inseln im Pazifik ihre Pflicht erfüllen.

Vor unserer großen Irrfahrt war ich mir nie ganz sicher gewesen, was für Leute wir eigentlich den Japanern dort unten entgegenstellten. Jetzt weiß ich: sie sind von der Art, die der Japs niemals schlagen kann.

Unsere Ozeanwache arbeitet unter unvorstellbaren Bedingungen. Auf öden, wasserlosen Atolls, oft unter feindlichem Beschuß, bauen unsere Seeleute Straßen und Flugplätze. Sie sind überall und tun ihre Pflicht. Viele Männer werden gebraucht, um diese Brücke von Luftstützpunkten an Tokio heranzuschieben. Ob es gelingt, hängt von der Heimat ab.

Das habe ich wochenlang täglich den Arbeitern in Flugzeugfabriken, in Eisenhütten und auf Schiffswerften berichtet.

Ich erzählte ihnen die Geschichte von den Schlauchbooten und wie ich dort draußen in den heißen Tagen meinen Gott fand. Ich wurde von ihm erhört wie vielleicht nie mehr im Leben. Und ich erzählte mein Erlebnis, sooft ich konnte. Ich werde es immer wieder erzählen, solange ich lebe. Es war das größte Erlebnis, das ein Mensch haben kann. Es ist die größte Geschichte, die ein Mensch erzählen kann.